아름답고 우아하기 짝이 없는

정경훈 시집

시인동네 시인선 145

정경훈 시집

아름답고 우아하기 짝이 없는

시인동네

시인의 말

응, 그래도 내일은 오더라

세상이 더럽기 짝이 없어도
우리의 얼굴을 바라봐 주자
아름답고 우아하면 된 거라고
마음을 이어 잡아보자

마음속 살고 싶은 숲에 이른 내 친구들에게 고마워
이곳에서 살다 어제처럼 떠난 사람들에게도 고마워
자꾸 말하면 닳겠지만 진심은 닳지 않는다

언젠가는 닿을 거라 믿으며, 고마워

2021년 2월
정경훈

차례

제2부

제3부

제1부

패러독스

백수는 사랑을 하고
사랑은 백지를 탐하게 하고
백지 안에서는 사랑을 꾸며 써야 하고
그럼에도 은유하지 않고 사랑의 시를 쓰고
(이것은 과연 감탄할 기백인가 알량한 고집인가)
시는 이렇게나 믿을 만한 것이 없고
믿음이 없으면 배반을 하게 되고
배반은 한평생 백수처럼 할 짓이 못되고
할 짓이 없으면 혼자임을 구걸하고
구걸은 울부짖는 혼자가 되고
혼자는 요컨대 백수임이 틀림없고
그러다가 백수가 백수가 아니게 되면
(이 시는 짧게 끝나야 한다)
사랑을 시인하게 되고

오로라

발가락과 손가락에 물방울이 묻고
그것이 한데 얼어 고드름이 내리기도 했으며 한데 모였다가 몇억 개의 빛이 되어 증발하기도 했다
그것이 참 서글퍼서
나는 울기도 했고 울지 않기도 했다

어쩌면 울다가 웃다가
울다가 웃으면 항문 주위로 뭐가 태어난다고, 뭐가 무엇인지는 무지했고 혹시 그 뭐가 毛가 아닐는지 하지만 아무리 울다가 웃어도 모인지 뭐인지 그 무엇도 태어나지 않았으니 소생과 부활은 한낱 바람이었다고 구태여 당신도 나의 망상은 아니었는지
비로소 간지러웠고 긁었던 것은 실재의 간지러움이거나
나타나기를 유예하는 오롯한 결말이 손톱에서 굳세어진 것이거나

울다가 웃다가 혹은 울거나 울지 않거나
당신이 있어서 나에게는 지극히 당연한 일상이었다

당신이 좋아하는 떡볶이를 먹다가 말았다가
당신과 함께 국을 끓이다가 말았다가
내가 좋아하는 오이를 깎다가 멈추다가
당신과 함께 설거지를 하다가 말았다가
그렇게 뻔한 과정이 그려졌고

우리의 아름다운 것이 무서웠다

13월 11일의 나체

소변을 누며 음모의 한 줄기를 변기 아래로 보낸다
변기 커버를 올리는 나를 지어본다고 집을 짓는 사람이 되어 보겠다고 목수의 굳은살에 활기를 불어넣겠다고 투명한 물과 누런 물이 만나면 탁해지는 거라고 마지막 여운이 떨어질 때는 유의하며 털어내라고
그러니까 변기 커버를 끝끝내 잡아 끝까지 끌어올리라고
너는 이 짓도 못할 바에는 자크의 행방에 대해 보류하라고 했다

너처럼 주저앉아 the love를 잊으라고
짙게 노랗고 휑하니 어두운 나의 눈동자를 체화하며
안녕, 안녕 이 더러운 사랑아

입 안에서 별들이 빛나고 있다
마치 한 번도 만나지 않았던 너와 혀를 섞는 것처럼
야, 너, 이 두 개의 지칭은 서울의 밤하늘이라고 했다 누군가에게 전해져 누군가만 아는 알리바이의 시대라고 했다 이름을 불러달라고 그것이 입 안에서 태어나고 죽어가는 별들

처럼 반짝이게 빼곡하게 뱉어달라고 했다 또 하나의 시대가 뇌리 속에서 벗어나기 전에 읽어달라고 했다

자꾸 잊어버린다 내 사랑을 내 계륵을 너와의 섹스를

치매는 아니다 건망증도 아니고 도둑에게 범해진 것도 아니다 아니다, 아니다, 아니다를 이어 부른다 네가 짐작하는 것은 죄다 망상이다

나름 젊고 나름 늙어 죽기에는 미련이고 살기에는 객기이기에

소홀해지는 것은 가끔 잊어버린다 분실된 발걸음처럼

너의 말을 잘 듣고 잘 들었던 애인이 아니었기에 이것은 내 정신과 내 신경과 사랑하지 않고는 못 배기는 너 때문에 너 같은 애인들 때문에

도파민이 문제였던가 기울여 넘치거나 기어코 넘치거나

너의 잊으라는 말을 듣겠다는 것은 아니다, 아니다, 라고 던졌다가 불알이 늘어진 만큼 허리를 구부리며 주워 담으러 간다

>

산의 배를 더듬어본다 밑바닥의 페니스와 흙으로 덮인 배꼽을 쓰다듬는다

더 깊은 곳의 클리토리스를 찾아 먼 길을 훑어도 본다

스머글러스 소울의 향수가 내 눈먼 과오에서 삽입된다

정기를 뺏어가는 밀조자 혹은 귤락을 자초하고 버려지는 자신들 그물망에 걸린 남자친구 나무에게 사죄하고 명복을 빌어도 여전히 나무를 베는 여자친구 비밀로 가득한 자 비밀을 쓰고 비밀을 고발하는 자

있었던 것 같기도 했고 없었던 것 같기도 했던 이불 속 벌거숭이들

쉿, 비밀이야 남자친구도 여자친구도

내 내성발톱을 들어내고 침투해줘

투신도 상관없어 가슴골의 메달을 걸은 것처럼 내 목울대로 밧줄을 감아 목을 매달아도 괜찮아 그것이 너의 자랑이 된다면야

내 내성발톱을 열고 들어와 줘

고약한 악취가 흐르지?

대가 없이 참을 수 있는 것에 대해 구태여 부정하고 싶다

존재하지 않는 것들을 위하여

싸버린 배설물처럼 싸지르고 나서야 명백해졌던 시니컬처럼 자조로부터 시작되는 격양처럼

이제 우리는 결코 돌아오지 않을 텐데

돌이켜 생각해보면 네가 아래에서 찌그러진 얼굴로 나를 보았을 때

피가 쏠린 얼굴이 네가 훔쳐간 애액들보다 잔뜩 부어 있던 모양이었을 때

그렇게 못생길 수가 없었을 텐데

너는 그리고 나는 무엇을 바라며 참았던 것인가

자신을 내동댕이쳐 버리고 순정을 기꺼이 바치고 없던 신을 만들어 세우고 다시 허물고 모른 체하며 신을 무시하고 믿음이 곧 침대 안에 있으리라, 하는 다짐도 침대 밖에서도 우

리의 믿음은 변치 않으리라, 하고 십자가에 박아놓고 기도를
하는 의식도
　십일자로 누운 사람들은 아름답고 더럽고 갸륵할 뿐인데
　그럼에도 의심하지 않는다면

　의미를 사랑을 섹스를 그리고 십삼월을?

말아다오

무얼 알기에 버들잎은 이리도 꼿꼿한 것인가

앞으로 무엇을 해야 합니까 아니요, 무엇을 기억해야 합니까 이제는 무어라 말해야 하며 무어라 기록해야 합니까 저 버들은 무얼 알기에 저리 아름답습니까 무얼 알고 있기에 저리 당당한 것입니까

(이 아름다운 것아 변치 말자)

사랑한다 사랑한다고 이 연인아

이 사람이 문제입니나 고갈된 은유를 들고 온 이 사람이 이 사람의 사랑이 이 사람의 필연이 이 사람과의 우연이 이 사람에게는 없는 날개가 문제란 말입니다

참말이다 진심이다 저 심장이다

별이 쏟아지는 것 말고는 안주할 것이 없어 엎드린 골격으로 내리 쏟아지는 스피커 아래에서 궁상을 떨고 있습니다 투머치 선샤인입니다 이렇게나 더운 밤에 늦게 늙어가는 모발을 긁으며 흡혈을 하는 마귀들을 살생할 계획입니다 손바닥

으로 내려칠까요 아니면 전기로 구워 불놀이를 해볼까요 중요한 것은 심장을 노려야 합니다 마귀의 심장을 터트려야 합니다 그 사람에게 작별을 건넸을 때처럼 말입니다 그 사람의 육체가 터질 듯 터지지 아니하여 주저앉아 고통을 겨우 인내하던 마지막 모습을 보았던 것처럼 말입니다 그 바닥의 피눈물이 노여웠던 그때처럼

오랜만이다 콜라주의 밤

귀가 열릴 터이니 귀가 열릴 터이니, 더 낮게 더 낮게, 지옥 같은 어둠 속으로 지옥 같은 어둠 속으로, 스프링의 귓속말을 스프링의 귓속말을, 콜라주의 그 사람 콜라주의 이 사람, 오랜만이라 오랜만이라, 찢고 싶은 그림입니다

(이 아름다운 것아 변치 말자)

나는 화가 나 담배를 던지고

규칙적인 모양으로 세워진 담벼락에서 담배는 나누어집니다 그것을 보며 혼잣말을 합니다, 우린 하나였지 한 개비의

마음이었지

이런 젠장, 담배 태우고 싶었는데

나는 요 며칠간 제대로 된 시를 쓰지 못했다

급변하는 체감 *때문에* 안전바 없이는 그 누구와도 동행할 수 없었다
*때문*이라는 말 뒤에 피. 에스를 붙여 책임을 기피한다

*

눈이 두 개만 달린 이유의 근거를 찾기 위해 발품을 팔았다 지구본 모형을 본다 지구를 본다 하나는 포기해야 되는 현실적인 근거를 얻었다 밤을 본다 우주를 본다 거대한 비밀을 은폐하는 나사의 사정에 대해 공감하는 바다 무한대를 본다 시공간으로 뛰어든다 본다는 것은 본다는 것으로 끝나지 않고 제3의 눈으로 경험하는 것이라는 또 하나의 근거를 얻었다 옥상에 널브러져 있는 오침용 긴 의자에 눕는다 꿈을 꾼다 날개를 달고 지평선을 향해 퍼득이는 *꿈*을 꾼다 잠시 후 두 개의 눈을 뜬다
*꿈*이라는 말 뒤에 피. 에스를 붙여 **never**를 강조한다

*

돈가스를 한입에 넣을 수 있도록 정성스럽게 칼을 움직인다 뭉툭하고 단단한 칼에는 새빨간 피가 배어 있다 *최후*의 의성어를 내며 죽어간 가축이 그려진다 천장 전등에서 뿜어져 나오는 빛이 검붉은 소스로 얽혀 있다

*최후*라는 말 뒤에 피. 에스를 붙여 과거와 미래가 충돌한다

*

조 씨는 나의 생활패턴을 파악했다 점수는 백점이다 조 씨는 나에게 *그러다가* 훅 간다며 비타민과 비슷한 건강 보조제를 추천했다 길고 잔인하게 아픈 것과 짧고 강하게 아픈 것 중에서 하나를 선택해야 될지도 모르겠다

*그러다가*라는 말 뒤에 피. 에스를 붙여 나는 요 며칠간 제대로 된 행색이 아니었다고 혼잣말을 한다

*

너를 쓰러뜨린다 나는 힘없이 가라앉는다 너의 목을 조른

다 나는 혀를 내밀며 부정의 액을 흘린다 너의 표정을 위에서 아래로 훑는다 나는 아래에서 위로 올라간다 죽지 못해 산다 환생을 반복한다

*죽지 못해 산다*라는 말 뒤에 피.에스를 붙여 외면할 수도 모면할 수도 내면의 진실일 수도 있는 사디즘과 마조히즘을 백지 앞으로 앉혀둔다

*

영원이라는 것이 있다면 앞으로도 영원히 그럴 것이다

*영원이라는 것이 있다면 앞으로도 영원히 그럴 것이다*라는 말 뒤에는 아무것도 쓰지 못했다

젊은 이안소프의 슬픔

손이 야하다는 사람이 음악을 한다

그런 사람이 기타 줄을 만진다 만지고 싶을 때만 만진다 욕구가 일이 되면 만사가 나른해진다 미술관을 가지 않고 공연장을 가지 않고 낭독회도 가지 않는다 야한 사람은 한 가지의 변태일 뿐이다 가지 않는 발은 다분해지고 손이 야하다는 사람은 손으로 살 길을 올렸다가 내렸다가, 발발했다가 정지했다가 고로 사념은 변기통으로 낙하할 뿐이다 궁핍의 길에서 자문을 한다 자문의 문은 볕이 들어오지 않는 슬픔의 소파 소파는 그저 누워 아집을 토로하는 조상이다

사람 눈이 여름인 것처럼, 야하다는 손이 할 일을 놓으면 여름은 여름이 아닌 것처럼 뜨거워진다 일련이 판이해진다

이름을 좋아해 주세요

이른 아침,

뜨면서도 감습니다 좋아하는 이름이 많아서, 좋아할 수 없는 이름이 적지 않아서 각막의 기지개를 유예합니다

기상을 하면 수많은 이름들이 커튼에서 새어 나옵니다 ㄱ부터 ㅎ까지, 다다한 그대를 나열한 뒤 암묵적으로 밀폐된 침실에서 과거를 뒤척입니다 A부터 Z까지, 다 알지 못하는 그대를 외우며 딱딱하고 말랑한 두뇌를 뜯어봅니다 그대와 저는 가학을 생성하고 서로의 치부로 고통을 주며 연연하도록 노력합니다 치고 박고 싸우지는 않지만 침대만 있다면 그대는 이길 것처럼 서 있고 저는 질 것처럼 엎드려 있습니다 그대가 승자이고 제가 패자라면, 그대와 저는 성공과 실패 안에서 넣고 싸고 했던 이름들처럼 사라지고 말 것입니다 오열처럼 맥없이 폭발할 것만 같습니다 그대는 그곳에서 밥을 먹었고 저는 그곳에서 밥을 뱉었습니다 테이블을 내려다보며 그대에게 담아 보낼 글자들을 지어봅니다 수많은 문장들이 김을 피우고, 이중 여럿은 증발하고 몇 개는 그대에게로 보내집니다 증발한 것은 묵은 때처럼 막막하게 양심으로 배겨집니다 무탈하게 보내진 문장들을 이끌며, 저는 이토록 울컥합

니다 취침에 들어서도 수많은 이름들을 부른 탓에 동굴에서 재해들이 굴러다닙니다 닦고 헹궈도 아무렴 편안해지는 것은 없습니다 소실되지 않는 모순들이 빛깔 좋게 붙어 있습니다 그대의 건치를 떠올리며, 저의 고르지 못한 치아를 고문하며 이른 아침부터 불러야 할 이름들 때문에 닥치고 있는 게 나을지도 모르겠습니다

저는 정말이지 그대의 숨이 바빠지면…… 심장을 반으로 갈라 같은 박동으로 죽고 싶습니다

이름을 기억해주세요

이른 저녁,

감고서도 굳이 떠봅니다 잊지 못하는 이름들에 감염이 되고 감염이 되지 않은 채로 몸을 웅크리면, 저는 아파하는 것처럼 주먹이 됩니다

그대와 대로변에서 맞담배를 피웁니다 그대를 옆에 두고 전 남자친구에 대한 애증을 빨아내다가 벌써 드러난 필터처럼 애정을 채워 남자친구라고 부릅니다 그대는 맞담배를 피우다가 몰아치는 헤드라이트의 불빛에 다 떨어져 나간 담배꽁초가 됩니다 평평한 그대의 등이 왜곡과 굴곡으로 식어버리자 저는 마지못해 혓바닥을 긁어낼 뿐입니다 작년 이맘때에는 야, 라고 불렀다가 해돋이를 보고 오자 그대를 남자친구라고 부릅니다 얼마나 무서웠는지, 얼마나 두려웠는지, 얼마나 좆같은 기다림이었는지, 하루에 하나씩 그대의 뼈를 비틀어댄다 해도 그대는 저의 토대를 가늠할 수 없을 것입니다 일 년 동안 그대를 오빠, 라고 부르다가 이제는 그대의 정의가 된 이름을 부릅니다 기분이 그대의 얼굴보다 좋을 때는 오빠, 라고 부르고 싶을 때는 야, 라고 부르고, 사랑할 때는 자기야, 라고 하다가 사랑하지 않을 때는 너, 라고 짖습니다 그대

와 자고 싶을 때는 오빠, 라고 함축적으로 저를 피력하고 그대와 자고 싶지 않을 때는 형, 이라고 하며 손바닥을 반듯하게 세우고 속을 울렁이기도 합니다 그대의 젊은 피사체를 좋아합니다 그대의 굵은 자지를 좋아합니다 그대의 윤기 있는 모발을 좋아합니다 그대가 가진 여러 가지의 이름들을 좋아합니다 가끔 너무 많은 이름들이 둔덕의 음모와 엉키면, 저는 그대를 잘 모르게 되고 자꾸만 그대의 이름을 잃고 또다시 그대의 정신에서 엇갈리게 됩니다 침묵이 이름들처럼 길어집니다 그대는 침묵을 꺼려하고 저는 침묵 속에서 구토를 수도 없이 자발하고는 합니다 저는 박애주의자가 아닙니다 그럼에도 그대를 만나면 박애주의자가 되려 합니다 저는 그대의 이름을 좋아합니다 그대만을 좋아합니다 좋아할 수 없는 이름들을 일렬로 집합시켜 학살하고 싶습니다 자주 한 움큼이 되고 야구공처럼 변두리로 날아가는 저이지만, 저의 아픔과 그대에 대한 사랑을 두고 수차례 선을 그어봅니다 알 수 있습니다

저는 정말이지 그대를…… 좋아합니다?

이월 이십팔일

사랑 빼고는 남는 게 없으니까, 사람을 버릴 수 있었던 거야 숫제 너 하나가 문제다 너 하나가 내 세계를 가난하게 만들었다 동시에 너 하나를 사랑해서 내 세계가 행복에 겨운 거다 물리적으로 고통을 받아야 변화하던 내가, 너 하나로 족히 거룩해지니, 본디 성체로 거듭난 것만 같다 조물주가 된 것만 같이, 세렝게티의 하이에나가 된 것만 같이, 일루미나티의 광추가 된 것만 같이, 책망은 더 이상 나의 성질이 아닌 것처럼, 나는 좀처럼 빗겨 나간다 화학의 주의를 오용하지도 남용하지도 않고 한 치의 오차도 없이 너 하나가 가히 메토이소노를 이룬 것이다 아아, 종교가 무슨 필요가 있어 믿음으로 세상을 직시하는 것이, 윤회를 바라며 고즈넉이 귀의하는 것이, 자연을 먹고 단식을 하고 돼지를 살생하고 모가지를 바치는 일들이 내 세계에서 무슨 소용이 있겠어

너는 그지없이 너 하나일 뿐이고, 나는 더도 없이 너 하나를 견주는 키커인 것을 나는 애를 쓰고 발을 디딘다 헛발질로 너 하나를 기약하고 싶지 않기에, 애를 쓴 만큼 애를 더해 디딤 발에 총량을 쏟아붓는다 복닥거리는 호흡을 달래며 너 하

나를 움켜쥐려, *나는 너를 좋아한다*, 자극과 작용이 핏줄을 곧추세우지만, 어설프게 아귀를 쥐면 사념의 잔해만이 애집을 두둔할 뿐, *나는 너를 좋아한다*, 문장은 경도를 따라 뿔뿔이 공중에서 나린다 흩어지는 수많은 가탈들 중에서도 너 하나는, 헤프면서도 헤프지 않은 너 하나는, 당김으로써 고곤해지고 끌려감으로써 우매해지는 나 하나는, 토로할수록 문드러지는 너 하나와 술회할수록 비루해지는 나 하나는, 마치 오래된 연인이 된 것처럼, 비로소 결부된 앙숙이었던 것처럼 엉겁이 된다 다른 게 없음에도 치졸해지고, 같으면 정신을 바쳐 옹졸해진다

방만했던 너 하나를 질투했고 미욱했던 나의 행성을 선회하며, 우회하고 망설이다가 돌고 돌아 만났다 세계를 열거하고 손바닥을 마주치며, 너 하나에게 향응하며 손톱을 갉는다 너 하나 때문에 여자를 증오할 줄이야, 너 하나 때문에 남자를 저주할 줄이야, 너 하나 때문에 살인을 계획할 줄이야 이로써 내 세계에 남아 있는 건 불가하다 불가능하고 여지도 없으며 오롯한 불능이다 그렇다면, 너 하나는 도대체 무엇이냐,

대지의 종말에게 인류애의 멸종에게 필사하여 잉태를 뿌리는 연유가 무엇이냐, 자주적인 너 하나에게 기거하는 너 하나에게 변명을 착상하며 언어를 지어보다가, 너 하나가 남겨졌다는 것이 바로 무진장이었음을 깨닫고야 만다 사람은 버렸다 해도 사랑은 버릴 수가 없었어, 아직까지 명치가 헛헛하다 딱딱하게 살아내서 유연하게 사랑하고 싶었어, 아직은 척추가 떳떳하다 너는 언젠가 사랑해를 뱉고, 나는 여전히 좋아해를 얼버무린다

나는 어디선가 그대의 이름을 부른다

그대는 나의 남자친구

나는 그대의 몸을 좋아하는 게 아니란다, 나는 그대의 본디를 좋아하는 거야, 자꾸 어디 가려고, 나가 놀고 싶어서 그렇게 육체를 뒤척이나, 그대는 자발적으로 악몽을 꾸고 나는 그런 그대를 보며 하염없이 코를 찡찡이기만 하지, 그대는 어린 계집들이랑 골반을 맞잡고 싶구나, 춤도 그런 춤이 아니라 애욕적이고 사사로운 아우성의 춤을 추고 싶은 거구나, 그대는 술을 먹고 싶은 거구나, 새롭고 낯선 계집들과 눈동자를 보며 건배를 하고 싶은 거구나, 혹시 그대, 자주 자고 자주 일어나던 파트너도 보고 싶은 거니, 그대는 섹스를 하고 싶은 거구나, 그대는 나의 남자친구고 나는 그대의 하나뿐인 연인이거늘, 그대는 자꾸 어딜 가고 싶은 건지, 만나지 마, 아니 그대, 나 말고 다른 계집들이랑 만나지 말라고, 나는 나를 지키고 싶어, 나를 비참하게 만들지 말아줘, 나를 처량한 암고양이 한 마리로 유기하지 마…… 응?

그대, 가끔 시발놈이라고 불러도 될까?

그대는 어디선가 나의 이름을 부르고

나는 그대의 남자친구

그대의 여자친구가 아닌 남자친구, 남자친구이자 여자친구 같은 동물, 유기적이고 남사스럽지 않은 커플, 사랑은 하지만 점점 사랑을 어림짐작하게 되는 두 사람, 두 명의 바보, 두 번의 비보, 두 마리의 잉태, 억겁의 애무, 짜릿하고 지저분한 삽입, 나는 그대만의 사람이지, 나는 그대를 떠나지 않아, 그대를 두고 다른 청년들과 만나지 않아, 네 개의 눈동자가 한곳을 투시하지도 않아, 나의 이상형이 나타나도 걱정하지 마, 궁금한 청년이 나타나고 그런 청년이 이색적인 헤어스타일을 하고 있어도, 개성 있고 뚜렷한 도화지를 가지고 있어도 나는 낯선 청년에게 정복되지 않아, 기생 같은 목선에서 모성애를 뿜어내도 나의 심정을 추궁하지 말아줘, 혹여 이러한 참사가 벌어진다면 끝까지 나의 유두를 잡고 기다려줘, 난 너를 위해서라면 어떠한 작전을 감행해서라도 탈환을 성공적으로 완수할 거니까, 나는 너를 책임지고 키울 거야, 그러니까 불안에 사로잡히지 마, 나는 늘 너의 고환에 있고, 자궁에도 있고 너의 가녀린 쇄골에도 있단다…… 대답할 수 있겠니, 응?

그대는 가끔 나를 보며 썅년, 하고 짖어, 나는 목숨 바쳐 짖

어대는 그대를 보며 손바닥을 높이 치켜들지, 하늘에 있는 가장 딱딱한 구름을 찾아 그대에게 선물을 줄 거야, 대지를 가르며 또는 그대의 가운데를 찌르며

이월 이십구일

제 시력은 오래전에 함몰되었으나 감촉이라는 식견이 뛰어나 당신의 손금, 그 안락한 간극에서만큼은 영생할 수 있었습니다 당신을 볼 수는 없었지만 당신이 저의 당신이라는 것은 알 수 있었습니다 당신이 아무리 제 골격을 옥죄었음에도, 저는 이 불가해성의 삶을 영위해나갈 수 있었습니다 당신이 제 성을 삼켰음에도, 저는 당신을 위해 시발을 읊조렸습니다 저는 당신이 애중하는 부산물입니다 조금, 제가 바라던 것처럼, 아주 조금, 절제하며, 미약하게, 자중하며, 미미하게 그렇게 비스듬하게 흘려버린 우주의 바닷물 같은 인연입니다

제 청력은 오래전부터 당신의 구애를 왜곡시켜왔습니다 당신은 가끔, 혀로 시를 쓰고 혀를 내두릅니다 당신은 본디 시인입니다 부정으로 책망을 짖어대던 당신이었지만, 분명 당신은 시인인 것만 같습니다

당신은 가끔, 혀로 달을 좇고 혀를 내밀며 살생을 합니다 당신은 이곳으로 회귀한 레지스탕스입니다 도덕이란 무엇인가, 비도덕이란 무엇인가에 대해 제대로 피력하지 못하는 이곳의 현재이지만, 당신은 여컨대 가장 확실하게 헤어지고 가장 시끄럽게 자는 저의 영웅입니다

당신은 가끔, 아니 자꾸만 제 고막으로 혀를 던져놓고 유토피아를 찾아 침을 쏟아내고는 합니다 당신은 저의 가슴을 휘젓다가, 항문을 거느리다가, 연약한 살덩이를 씹어 먹다가 홀로 비약해버립니다 삐걱이며 떠나갑니다 북적이며 영혼을 돌립니다 제가 할 수 있는 거라곤, 작고 올망한 두 개의 방울을 매만질 수밖에 없습니다 미혹하고 처참해질 수밖에 없습니다 저는 당신에 대한 함구를 사모합니다

꿈만 같았습니다 오, 꿈일지도 모르겠습니다 눈이 나리던 이박 삼일 동안 삼천 원 가량의 우산을 대신해서 삼천만 원 이상의 값이 매겨진 지붕 아래로 숙여 갔습니다 소복한 이부자리는 한밤중에 쌓인 애액들처럼 새하얗게 누워 있었습니다

당신은 얼굴보다 큰 1.5리터 와인을 가슴팍에 묻고 어기여차, 살아내고 쓰러지는 모양새를 드러냈습니다 우리의 퍼레이드는 어쩌면 클리셰 한 걸음으로 무마될 수 있었습니다 하지만 기상천외하고 특별하며 아름다움 그 자체인 미장센의 한 장면이었다고, 자문의 답을 내놓습니다

행복했습니다, 정말이지 행복한 것처럼, 젖가슴을 힘껏 물

어보았던 이성처럼, 당신의 오르가슴은 오직 저만의 소유인 것처럼, 더럽고 미천하게 행복했습니다

당신은 찬찬히 나리던 눈을 보며 울었던 적이 있습니다 저는 당신의 일련을 기억하고 당신에게서 파생되었던 산물을 기록했습니다 당신이 회생될 때마다 푹푹 찌는 함박눈이 나립니다 당신을 회상할 때마다 뽀얀 둔덕이 제 숨구멍으로 젖어 들어옵니다

꿈만 같습니다 말미암아 당신이 꿈이었다고 명명한다면, 저의 미망은 우리가 폭주하던 파도 소리만큼이나 거나해질 것입니다 구태여 당신처럼 울고야 마는 것입니다 만약, 사지를 다 발라준다 해도, 그렇다 해도 당신과 저의 이박 삼일이 꿈이라면, 이 몸은 사계절과 상관없이 시릴 것만 같습니다 고통만이 저를 낳을 수 있고 낙화가 삶이며 토막만이 제 유일무이일 것입니다 헤아릴 수 없어도 헤아려야만 하는, 최대의 죄악을 품어야 할 것만 같습니다

당신에게 신호를 보냅니다 제 몸이 꿈이 아니라면, 이곳을

당신의 손금이라 부르며, 과연 단언해도 되겠습니까? 우리들의 언어로 당신에게 신호를 던집니다 당신이 그저 꿈의 인연이 아니라면, 이곳으로 돌아와 줄 수 있겠습니까?

타투이스트

하관을 책망하는 사람이 어머니의 자궁에서 출가했다

그런 사람이 김밥 냄새에 황홀경이 된다 먹지도 않았으면서, 태어나서 처음 맡아본 냄새를 기억한다 이율배반의 애정을 흐느끼며, 샌드위치를 씹는다 골고루 소화하지 못해 늑골이 훤하게 드러났다 광원으로 도망치는 허약한 치타 하나가 부식된 몰골로 귀가했다 그가 품을 수 있는 것은 하나뿐이고 점 하나를 뺀 허허벌판은 그를 문드러지게 한다

자신의 안면을 거울 밖으로 던진다 그의 애정은 애증의 부산물이다

은밀하게

코펜하겐으로 이민 간 사람이 일주일 만에 망원동으로 돌아왔다

그런 사람은 애달프지 않다 그런 사람은 현세의 고통을 자기 할 수 있다 그런 사람은 사랑할 수 있고 활기 있게 헤어질 수 있다 그런 사람은 울지 않는다 그런 사람은 희화화에 사로잡히지 않는다 그런 사람은 매일 밤 즐거웁게 청소를 한다 그런 사람은 매일 아침 벌떡 일어난다 그런 사람은 핫초코를 마시는 일을 기탄하지 않는다 그런 사람은 낭만에 도취되지 않는 굳건한 사람이다 그런 사람은 진토닉과 콜라를 섞고 음미하는 법을 사유할 줄 안다 그런 사람은 가탈에 고갈되지 않는 힘을 지닌 사람이다 그런 사람은 고추가 뇌를 지배하지 않게끔 태양의 경배로 심신을 단련한다 그런 사람은 정욕을 타파할 줄 아는 사람이다 그런 사람은 부족한 이빨로 고조곤히 진심을 전할 줄 안다 그런 사람은 치부보다 명치로 연명하는 사람이다

그는 내가 그리워서 망원동으로 돌아왔다

파리를 가지 못한 젊은이의 몽정

울고 싶을 때가 있다
보도블록을 걷다가 엊그제 구두를 밟고 지나간 말라뮤트가
생각나서
괜히 울컥할 때가 있다
욕봤다 왜 하필
전봇대를 차 본다 있는 힘껏 디딤 발을 딛고 없는 힘껏 공을
상상한다
파리와 한옥과 도시의 몰락
가지 말자고 하면 가지 않았을 텐데
못 간다고 하면 너네를 죽여 패서라도 가야겠다는
태생의 객기
아, 나는 얼마나 많은 노래를 부르며 축구를 했던가
그라운드를 뛰어다닐 때 그리고 부조리가 끝난 후에
가시나를 위하여 바친 러브송은 몇 명의 귓밥을 휘둘렀는가
그 노래방 그 단칸방과 그 냉장고 그 매실과 그 목마름
밤과 달빛에 비치는 그이의 목젖
습관처럼 헤어져도 버릇이 들어 왕래하게 되는 이성의 항구
나는 많이도 버렸다

인사는 각별하게 하지만요 둘이 있으면 이별할 것 같은 사람들
남자와 남자 여자와 여자 수십 개의 단톡과 잦은 모임
상하관계 상관없이
우리 친해요 말하지만 나는 아닌데요, 라고 자위하는 관계의 굴레 같은 것
어느 날 또는 매일 혼자 앉아
미래를 위하여 손 편지를 쓴다
씈 씈 싹 싹
사람들은 각자의 예지력으로 날개를 펼치고 부리를 벌린다
재는 시발년이 아니라 시발놈이구나
틀렸다 이건 비보야
미움 받고 싶지 않아서 눈물을 숨기고 구두를 닦는 거라고

그 핵

긴장 풀으렴

허와 귀와 목과 쇄골과 손가락과 겨드랑이와 명치와 가슴과 젖꼭지와

……

긴장 풀라니까?

배꼽과 골반과 척추와 날개뼈와 옆구리와 허벅지와 무릎과 오금과 발가락과 아킬레스건과 승모근

그어놓은 선은 무용지물이다 안일은 곧 무효다

그와 나는 빨강과 파랑으로 나뉘었다

통제는 없다 다만 긴장감은 곧 유효한 안과 밖의 사정이다

그러니까 꾸며보자면

비벼지면 황홀했고 먹어보면 죽을 듯이 소리를 질렀다 소리란 탄식 혹은 짧은 호흡이다

다리가 세 개면 편하겠다

싶어서 그를 사육하기로 마음먹었다

패턴으로 된 셔츠를 벗겨본다
둥글고 각진 곡선들이 보인다 커다란 근육과 잔잔하게 요동치는 핏줄에서
시큼하면서도 야무진 땀방울이 맺힌다

가죽 벨트를 푼다
심장 소리가 이렇게나 거대하고 높았던가
점점 커진다 나는 점점 머리부터 눌린다

바지를 내린다
눌리는 머리가 지진이 몰아치는 것처럼 그의 팬티를 흔들어댄다
손과 손이 불안해지고 어느새 내 손은 세 번째 다리를
애걸복걸하며 잡는다

스크류바를 입에 넣고
빨강보다 더한 빨강이 될 때까지 빨고 감고 돌린다
토막이 날 때까지

양쪽의 방울을 건드린다
옴짝달싹못하는 그는 진동처럼 죽어간다
그의 방울에는 소리가 없다
소리는 없지만 그는 분명 죽어간다

그를 삼킬 때가 왔다
사육의 주된 임무는 완전한 나의 것으로 만드는 것
이제 그는 나를 위해 짖고 눕고 울어야 되는 것이다

바다가 육지를 덮친다
파도가 이곳을 점령한다
축축해지는 땅에서 물이 흐른다
어느 곳은 불안해지고 어느 곳은 몰락했다
유일하게
세 번째 다리만 단단한 뿌리의 힘을 자랑했다

그가 유언을 남긴다
터질 것 같다고

온몸이 클리토리스인 것처럼
정말 죽을 것 같다고 이제 진짜 죽을 거라고
살려달라고는 하지 않았다
별말 없는 유언이다

그는 눈을 뜨고 시체가 되었다
또 한 사람이 떠나갈 거라 생각했지만
다 그렇지 않듯 떠나가지 않는 시체도 있다
내가 짊어질 일은 후자로 인한 죄책감과
그를 버리고 가는 당당함이다

세 번째 다리는 결국
풍파를 이기지 못하고 쓰러졌다
無로 돌아가는 것이다

이월 삼십일

다시 그의 표정을 핥을까, 노도의 미몽과 투쟁한다
다시 그의 골반 속에서 망망해질까, 바싹 뒤집힌 고깃덩어리가 된다
다시 그의 음모로 호로새끼가 될까, 두 손으로 소주잔을 움켜쥔다

나는 혼자가 아니다
나에게는 사람이 있고, 없는 신앙이 있다가
나에게서 나눠지고, 남과 나눠 가지다가
홀로 견디다 번뇌에 지고 마는 것이, 아니다

놓치기 않기 위해 쓰디쓴 벽을 안고
버스에 올라타는 너의 어린 몸을
차마 보지 못하고 보내본다

나랑 너랑 도망가자
머나먼 밀실로 들어가자
나무 한 그루가 뻗어 있는 마당으로 가자

누구도 찾지 않는 깊은 곳으로 가서
부디 살만 찔 수 있게, 우리 같이 밥을 해먹자

너의 첫 꿈을 꾼다
감인 줄 알고 가까이 걸어가니, 복숭아가 매달려 있다
너는 씨를 품고 있고, 너는 잡히고 줄줄이 먹힌다
첫 꿈을 꾸고 너는 광광 울어버린다
그리 슬프냐, 멍치는 괜찮더냐, 너는 가슴을 가르며 흐느낀다
여자로 태어났어야 했다

블루문

— 어디 살아요?
— 그쪽은요?

당신의 그림자, 눈이 부셔서 어느 해의 반을 지새웠다

메모:
서점 보조개 손글씨 가로등 빗방울 소나무 초가을 함박눈 청파동

당신이 내려앉은 의자와 무릎과 테이블의 간극
비좁은 간격들도 곧 내 마음이어라
손을 잡고 서서히 닫히는 문과 문을 바라보며 이 또한 낮잠의 달콤함이었는지 이 또한 밤의 광활한 황홀이었는지
손을 잡는 것 또한 몇 가지의 일이 아닐는지
당신을 위한 일을 구직해보다, 어쩌다 당신이 나에게로 구인이 되었으니
당신에게로, 당신에게 애쓰다

제2부

백야

달이 가시고 당신에게도 아침이 왔다

축하해

보이지 않았던 것들과 보고 싶지 않았던 것들에서 우리는 굉장한 이유들을 발견했어

스코츠보로 소녀들

이러지 마시라고요, 그만하세요, 소리 지를 거예요, 하지 마시라니까요, 한 번만 더 건들면 죽여버릴 거예요, 진심이에요, 제발, 제발요

말했다니까요, 저항도 했고요, 도움도 청해봤고요, 똑똑하게 말했다니까요, 저희는 결국 당했잖아요, 죽이고 싶지 않았어요, 도망갈 수가 없었어요, 그 상황에서 그럼 어떻게 해야 하죠, 진심인가요, 저희가 죄인인가요, 저희는 누가 보호해주나요, 아무도 없나요, 하, 필요 없어요, 여기서라도 도망칠래요

달려
　　달려
　　　　더
　　　　　　빠르게
　　　　　　　　뛰어
　　　　　　　　　　뛰어
　　　　　　　　　　　　뛰어
　　　　　　　　　　　　　　더
　　　　　　　　　　　　　　　　멀리

언제까지 도망쳐야 해요, 이제 쉴 곳도, 누울 곳도 없어요, 씻지도 못하겠고요, 화장실도 못 가겠어요, 몰래카메라가 있으면 어떡하죠, 부당하잖아요, 또 그런 새끼들처럼, 저희가 죽여야 하잖아요, 좆같은 세상이네요, 시발 폴리스, 엿이나 처먹어라, 자지를 전부 찢어 버려야 해, 퍽킹 폴리스

왜 사람들은 저희들의 몸을 탐내는 걸까요, 제 건데요, 제 몸인데요, 지들이 잘못 해놓고는요, 왜 저희의 구멍으로 들어와 숨으려고, 힘을 쓰고, 악랄해지고, 지퍼를 여는 걸까요, 아, 그 지퍼 사이로 달랑이던 불알들을 죄다 불태웠어야 했는데, 그랬어야 했는데, 저희가 벗겨진 채로 죽었더라도

능선을 넘어, 파도를 넘어
건물들 사이로, 가로등을 가로지르고
숲속을 찢어버리고, 가시에 베이고
독수리에 쫓기고, 인파들의 조롱을 타도하고
가로수로, 방공호로, 비치 쉐이드로
부디 가려진 미래로

>

괴물들은 곧 저희들이 사랑했던 사람들, 그리고 사랑할 사람들, 외로운 상실의 시대들, 변모한 애착들, 정거장의 쓰레기통으로, 육신의 조각들이 널려 있네요, 다크서클이 죽였던 사람들의 양심처럼, 어두해지네요, 때리지 마세요, 갈구하지 마세요, 빰 한 대 맞아도 남은 빰 하나는 내어줄 수 없어요, 저희가 죽였어요, 저희가 살해한 건 맞는데, 자명한 사실은요, 그전에 먼저 저희가 죽었잖아요, 알잖아요, 그리고 대입해봐요, 저희도 당신의 국민이라는 걸요

존경하는 재판장님
저희는 이제 어디에 숨어야 하죠, 이 땅이 이렇게나 작은 줄 몰랐어요

두드리면 열린다고 했거늘, 두드리니 닫혀버리고
인간에겐 미래가 없고, 인간에겐 미래가 없고
골목길이 음침한 것이, 눈빛들이 요란한 것이
손바닥이 큰 사람과, 손바닥만 한 우리가 살고 있다
애미의 뱃속으로, 애비의 고환 속으로

욕구, 욕구, 욕구, 인간의 삼대 욕구는

두드리니 닫혀버리고, 두드린 만큼 미래는 짓밟혀가지

달나라

하얀 창 안으로 빛을 머금은 어둠이 들어왔다
하얀 메모장으로 스멀스멀 주저앉는 당신도 있었다
하얀 벽과 하얀 우주와 하얀 밤이 내리던 엊그제는 당신이 마치 봄에 일어난 겨울아이처럼 청량한 민낯으로 창문을 열었다

당신의 처피뱅에서 탕아의 탄피가 발견됐고
달의 윤곽이 그득했던 나라는 찰나의 흔적을 찾기 위해 눈곱을 세며 긴 꿈을 지새웠다
이불과 침대를 뒤적인다
골목과 육체의 골을 더듬는다
어떤 사람들은 여러 차례로 갈라져 누운 앞머리가 아닌, 고운 무릎으로 바닥을 짚은 사람이 아닌, 날개뼈를 허공으로 뻗은 사람이 아닌 우리들과 당신과 나의 베갯잇으로 하얀 보다 불투명한 하얀의 흔적을 투기하곤 했다

그곳에서
당신은 힘이 들어간 자정의 힘으로 옹색한 두 귀를 가렸으

며 어느 날은 보일러가 고장난 혹은 보일러는 애초에 존재하지 않았던 곳에서 큼지막한 두 눈을 가렸다

컨테이너 같은 둔탁한 곳에서도 같이 취침하고 같이 기상하고 같이 국을 끓여 먹었다 옹졸하다 못해 당신이 곧 이 궁핍한 생활을 벗어나 부유하고 자상한 이를 찾아 떠나겠구나, 하는 미래들이 꼬리를 물고 오싹한 형상을 띄며 지나가곤 했다

둘만의 언어가 베갯잇으로 묻히면

이 낭만은 여기까지구나, 내 안의 나는 결렬했고 타결했다 그렇게 당신이 나를 만난 것을 용서하고 이런 나를 용서하며 당신에게로 나아가

달도 부끄러워하는 꽃에 입맞춤을

들개

도처에 깔린 들개
다리가 네 개가 되는 꿈의 짐승

필사를 구토로,
구토는 당신을 경계하는 사변으로
당신은 나를 사모하고,
당신이 나를 사모하는 연유

당신의 고루한 몰골은 나의 영롱한 골짜기에서 오래 침잠했기 때문에, 당신은 딱딱하고 나는 무르익었기 때문에, 당신에게서 찢어져 떨어지는 오열은 본디 나의 심신으로만 거들어 줄 수 있기 때문에, 당신에게서 파생되는 육욕은 나의 무수한 숨구멍만이 빨아들일 수 있기 때문에, 굽이치는 당신의 몸짓은 나의 하얗고 신비로운 궁전에서만 허용되기 때문에

한번 물면 놓지 않고 두 마리 중 한 마리는 죽어 의심치 않으니
나는 당신이 사모하는 그로테스크한 애인

지척에 깔린 들개
다리가 네 개가 되는 꿈의 짐승

돌아오지 않겠다고 걸었다가 금방이라도 돌아가야겠다고, 이상을 유보한다

먼 곳으로 떠나야겠다고 숨을 고르다가 동공으로 슬픔 같은 먼지들이 앉으면 그 어느 곳도 지척이었다는 것을 깨닫는다

성산대교와 가양대교를 왕래하다가 욱신거리는 무릎의 외측에서 활화산 같은 반추가 흐르면 우리는 언제나 자리 같은 건 잃어버리는 거라고, 두 개밖에 없는 다리를 가진 까치가 뒤숭숭한 네 개의 날개를 감추며 울렁이는 식도로 짖어댔다

역겨운 냄새가 여러 움직임의 저항으로 퍼져 가면 잊으려 했던 향수를 끄집어내어 사람과 비슷한 눈동자를 가진 짐승의 안구를 긴 시간 동안 잠들게 만들었다

바람에 맞서면 바람이 이겼다 우리는 바람이 되고 싶었지만, 영영 바람이 될 수 없는 존재들이라고

아가미를 닫아도 아가리를 조여도 지퍼를 잠가도 땀에 젖은 손바닥을 숨겨도 지는 것이 아니라고

패배 같은 건 이 더없이 남루해진 세계에서 배척해도 되는 것이라고

비약하는 들개

다리가 네 개가 되는 꿈의 짐승

선의 가면을 쓰고 범죄를 차치하는 범아들

엉겁으로 붙어 한껏 쏠려 있는 껍질을 열면 합리화와 타당성을 뿜어대는 범아들, 어디 가당치도 않는 소리들을 형언하나, 썩고 썩어 고여 있는 웅덩이를 어느 누가 열애하겠다고, 달리 품고 배반하려 드는 이지의 송곳니를 어느 누가 도피하겠냐고

범아들아, 너희들이 알던 성이 곧 혈연의 어미라는 것을 알아라, 그리고 짖어라, 숫제 부디 모르고 연명해라

범아들아, 덜렁이는 불알을 달았다고, 어디 그것이 자랑이라고 처 쪼개고 앉아 있나, 너희들은 살육의 값으로 그지없이

마땅하겠지만, 이렇게도 쉽게 먹히면 전대의 죄는 누가 갚아 주어야 하나, 통탄스럽다

뒤에서 짖어대는 범아들아, 너희들은 말미암아 오래오래 뒷전에서 울고 웃을 것이니, 부디 천천히 죽고 죽을 만큼 아파하라, 그것이 탈에 쩐 너희들이 갖추어야 할 자명한 업보다

더 더 짖어 보아라

힘을 내어 보거라, 옳지 옳지, 더 더 혓바닥의 구실을 찾아 보거라, 아무렴 아무렴, 귀엽고 가엽고 저급한 시대의 애완견

더 더 손길을 내어주어야겠다

언제나 더럽고 여전히 안쓰러운, 오래 보아도 역겹고 다시 보아도 짐승의 축에도 끼지 못할 범아의 애새끼들

비행하는 들개

다리가 네 개가 되는 꿈의 짐승

폭발하는 정념, 참을 수 없는 정욕, 자제력을 돌파하고야 마는 무한의 핏대가 흰자위를 덮친다

애정으로 둔갑하고 외로움으로 겁탈하는 이면의 초상
오리무중, 망망하다
망망한 곳에서, 때로는 개들의 아우성이 들려온다
함몰과 구축의 임계점, 우리는 무엇이냐고 묻지만, 당도한 것은 물어뜯기는 사체들의 전장

구원되지 못할 피안의 방에서 빠져나와 호실의 문들 닫으면
아아, 뱉어놓은 이물질이더라
멸종되지 않을 의식들이 헐벗은 육체의 본질을 혼란스럽게 괴롭힌다, 단 한 번도 심정에 대해 탐구하지 않았으면서
가슴팍이 바빠진다

영영 돌아가고 싶지 않다
사로잡혔던 과거를 잊고 싶다
감금되었던 욕망의 배를 침몰시키고 싶다
자신을 떨쳐내고 싶다
사랑 없는 사랑 같은 울림들로부터

>

비로소 들개

다리가 네 개가 되는 꿈의 짐승

미문을 곱씹을 줄 알고, 거시적으로 통찰하며 미시적으로 사유하고 행위 할 줄 아는

또한 그리고 또는

취기에 떠드는 포부가 아닌 행로에 대해 읊는 도취 같은 자기가 필요한

세계고를 열거하고 질문하고 반박하되

인류의 본질에 대한 애정은 마르지 않아야 하는

비본질적인 타자들을, 그들의 업을 이 차안에서 일찍이 함구시키겠다는, 그런 거나함의 일종까지 용서하고 사랑하고

나 자신의 저주를 와해시킬 연유를 찾지 않는

꽤나 인간 같고 꽤나 불의한 짐승 같은!

인간은 양치를 하며 치아의 순수를 정돈한다

과연 갉아먹는 쪽은 누구인가, 원하지 않고도 갈려야만 하는 자는 누구인가

이빨이 갈리면 잔혹의 수치가 드러나기 마련이다

목덜미가 곧 떨어져 나갈 듯이 위태로웠으며, 인중에는 핏빛의 루주를 바른 것처럼 고귀했고, 살려 달라는 발악을 상실한 듯이 가파른 숨만 내쉬는, 축축하게 늘어진 혀에서 얼추 백은 넘는 구더기들이 집을 짓고 있는, 내 입구에서 얽혀 있는 색들을 사유해보니

아픔인지는 모르겠지만 심장이 갈라진다

들개의 초탈

다리가 두 개가 되는 꿈의 인간

부족하게

고난을 배출했기에 부족하고, 영위를 이어나가기에는 연명이라는 생기가 부족하고, 생로의 답안은 채점이 없어 부족하고, 술잔을 채워주기에는 인심이 부족하고, 뱃살이 쏟아져 흐르기에는 양심이 부족하고, 부족함의 연유는 옹졸함의 기반이고, 부족한 것은 늘 부족할 따름이다

부족하게

네가 부족한 짐승이라면 똥구멍을 핥아서라도 카타르시스를 동반한, 옥고의 혜량을 회신하고 싶고, 모든 심정의 총량을 기울이는 기인으로 자라고 싶고, 네가 부족했던 짐승이라면 살아생전 그러했듯 부족하게 달려들고 싶다

세 글자, 세 글자면 되는 것을

약자의 움직임은 본능의 근원이고, 우리는 우리 그대로 춤을 추고, 어린아이와 장애의 근육은 원초의 본능인 것을, 우리는 우리 그대로 자신의 육체를 쓰다듬고, 목줄을 조이고, 갈비뼈 사이사이를 좋아해 주고, 본디 인간으로서 존속하면 되는 것을, 토대가 흔들리면 그만하면 되는 거고, 그만하는 것은 단지 정지하는 것이 아닌 것이고, 우리는 없는 것이 아니고, 우리는 우리 그대로, 있는 그대로 춤을 추고, 세 글자, 세 글자……

생사 속에는 쉬운 말이 없어서

대배우와 앵무새의 희곡

너는 불편해진다 불편해지는 너에게 얼그레이 아래 잠자코 명상 중인 더치커피를 전송한다

너의 엉덩이가 미끄러진다 그림자는 침착하게 내 앞에서 정지한다 네가 있고 또한 네가 없는 그림자를 보며 말한다

내 마음이 좁은 게 아니라 이 탁자가 편협할 뿐이야,

거룩한 정신이 빗물로 엉터리가 된 젊음의 거리를, 우회하며 활보한다

너는 연기를 한다 너는 앵무새다 어쩌면 너는 네가 아니다

흔히 손가락을 놀리는 일도 연기이고 아랫입술을 씹는 일도 연기이다 네가 행위 하는 문장들은 너의 근육이 아니고 네가 구사하는 진심들은 너의 폐가 아니다 앵무새를 비슷하게 따라 하는 너를 보며 말한다

그렇다면 나는, 나는 그림자를, 너를, 아니, 그림자를 좋아하고 있었나,

불신이 커지면 기하급수적으로 자라, 너는 배우가 된다

나는 가장 더럽게 블루지를 마신다 입가를 입으로 가리면

서 생각한다

관객은 배우를 사랑할 수 있다, 없다

배우는 관객을 사랑할 수 없다, 없다

스물아홉은 서른의 사람을 동정하고 서른의 사람은 서른하나를 한탄하고, 나는 가장 더럽게 게워낸 블루지를 곱씹어볼 뿐이다

살짝 열병으로 앓는다 너무 열성이었던 탓에 잠시 용암이 되었다가 마치 내가 용암이었던 것처럼, 세차게 굳어버린다

내가 내민 이마는 덜 차갑고 네가 가져온 손바닥은 덜 뜨겁다

너는 달아오른 귓바퀴를 숨기며 미지근함에 대해 설명한다 나는 식어가는 등줄기를 긁으며 망상에 대한 과오를 토해낸다

너는 가까이서 관찰해야 한다 밀접하게 붙어서 너의 은폐된 이면을 아우르고 타이르며, 지나간 세월을 감내하며 고찰해야 한다

앵무새가 형언하는 너는 네가 아니다 너는 앵무새의 병신

이 아니다 너는 내 앞에만 도래하면 연기자가 아니다 너는 나 하나를 속이지 못한다 너는 나의 배우가 될 수 없다 너는 나의 그림자다 그리고 나는 너에게 찬사를 보낸다, 갇혀 있던 앵무새가 내 말들을 자꾸 따라 한다

그까짓 거 목을 조르면 되는 것이다

타오른다 가히 너는 천재고 나는 지변이다

사람들이 흔들린다 나란히 비워진 커피잔들이 비명을 지른다 앵무새가 욕설을 난무하며 칼을 휘두르듯 조각조각 뽑혀진다 그저 쉬워 보이는 도구들이 나의 등 뒤로 숨다가 너의 시각에서 기피하다가, 부디 불구가 되어야 했던 것처럼 부딪힌다

드디어 너는 너처럼 돌아와 내 앞에 앉아 있다

얼그레이와 더치커피가 조화롭다 기분이 열처럼 높아 말장난을 한다

너는 생화처럼 이렇게나 생생한 것이다,

나는 너를 닮아 배우가 되고 싶다가도 네가 나를 닮아 연기

에는 재능이 없다는 알게 된다 우리는 늘상 결부된다

말이 많다가 어느새 아프다
죽어 버렸던 앵무새가 환청으로 살아나 사랑스럽게 지저귄다
나는 조금 무섭지만 그럼에도 사랑스러워서, 방에 박혀 틀에 박혀 너와 같이 동시대에 박혀 지내고 있다

타올랐었다고, 아주 조금 말했다
우리의 막이 내린 뒤에, 촛불처럼 너와 내가 한숨에 날아가 버렸으니까
너는 나를 치부에 넣지 못했다
타오르는 잿더미 앞에 앉아, 눈을 몸을 말을 놓지 않았으니까

앵무새가 지저귄다

너는 연민의 힘

다리가 부서지는 사람이 지구를 차려고 한다

열렬해지면 주전자에서 김이 빠진다 부엌이 소란스러워지면 그의 마음 또한 수군거린다 그는 너무 메말라 금방이고 비약할 것만 같다 그는 너무 길어서 반 토막이 되어 단명할 거 같다 그는 너무 대단해서 모조리 파생되는 사람으로 기억될 거 같다 내 둔전이 그에게로 향하면 나는 그의 종아리가 되어 결사를 두둔한다 그는 참 젊고 결코 강건하지 않아서 나를 대여해 주고 싶고 기꺼이 반납을 거부할 수도 있겠다 그의 하와이안 조명 덕에 가난한 밤의 거실에서 부유한 낮의 왕실로 당도할 수 있었다

성립되지 않는 연민도 나의 힘이다

음악이 있다면 영원히

그렇게나 예뻤던 가을에 낙엽처럼 울상이었던 사람

두르지 못한 살을 그리워하는 그 사람, 뼈만 걸치고는 춤을 춘다 그 사람이 이 사람이다 이 사람이 그를 아끼고, 굵다가 앙상해진 어깨를 타고, 흘러 흘러 세계는 동질이 된다 그는 오래 삭힌 홍어를 씹으며 콧노래를 홍얼거리고 나는 짧게 들은 콧노래와 융합되며 그의 음악을 삼킨다 가을의 독서가 일제의 잔재라면 가을의 음악은 무엇의 제국이란 말인가 무엇의 의미를 찾다가 울상으로부터 일그러진다

낙엽의 짓거리는 파동이, 그 사람을 애쓰게 한다

해마의 실업: 바그다드 카페에서

— 야스민에게

구구절절이 마른 사막여우가 파스타를 가져온다
붙어 있지 않은 살코기로 거대한 기름을 짜낸다
그것을 상상하니 해마는 모름지기 서글프다
앞에 놓이게 될 파스타와 노예와 같은 팔꿈치에서 뭉툭한 소리가 나고
그것은 사막여우가 굶어 죽기 전에 마지막으로 발악하는 추임새다
임종의 한산함이 오금을 오싹하게 만든다
수컷 사막여우는 아침부터 아침까지 발정이 나 있고
이별한 암컷 사막여우를 오래간만에 사무쳐 하며
제 위장처럼 메마른 황야를 향해 달려간다

사막여우야, 네가 보고 싶어서, 너의 앙상한 연골은 괜찮은가 하고, 너의 연약한 얼굴을 담아두고 싶어서, 나는 너에게 왔단다, 배가 고프지는 않니, 어디 아픈 데는 없니, 술 한잔하고 싶지는 않니, 말해보거라, 무엇이 그리 참혹한지, 무엇이 너를 괴롭히는지, 말해보거라 사막여우야

사막여우는 자신의 결함을 자의로 발생시키거나 타의로 꾸짖기를 즐겼다

사막여우는 자기혐오를 혐오하고

그것이 사막여우가 살아있는 방증이었다

참고로 사막여우에게는 인간의 언어가 없다

또 한 차례, 해마는 울먹인다

해마는 사막여우가 가져다준 파스타를 먹다가

나지막이 읊조린다

I am calling you

Can't you hear me

*I am calling you**

나를 스쳐 지나가는 뜨거운 마른 바람과

아기가 울고 있어서 잠을 잘 수도 없지만

우리에게도 변화가 오고 있다는 걸 알고 있죠

달콤한 해방이 다가오고 있어요

야스민이 라거를 가득 따르고, 마치 자신의 인심이 차오르

듯이

상할 때로 상한 해마의 관자놀이를 잡아 주듯이
가득한 라거를 놓아 준다
해마는 목구멍을 벌컥이며 두 잔을 연속으로 비운다
야스민은 참치를 시키고는 해마에게 젓가락을 내어준다
해마는 말이 없고, 해마에게도 인간의 언어는 없었고
야스민은 풍족한 미소로 노래를 따라 부를 뿐이다

야스민, 혹시 너는 괜찮니, 모두가 공존하고 모두가 살아야 하고 모두가 죽어야만 하는 이 인생의 순간들이 말이야, 너는 어떻게 생각하니, 나는 말이지 야스민, 개똥철학을 전파하는 기린이 너무 싫어, 실상은 경박스러운 돌고래가 예의 바른 척하는 게 너무 싫고, 사과를 아무렇지 않게 따먹고서는 맛이 어떠했는지 술회하는 개새끼는 정말이지 죽을 때가지 죽이고 싶고 그래, 나는 불만이 많고 화가 많아, 나 괜찮은 걸까, 야스민, 너는 어때

해마와 야스민은 합 열다섯 잔을 비운 뒤에야

흐트러지고 맥없이 쓰러지는 옷가지들을 잡아 이끌었다
하나는 참았던 소변을 누러 가고 하나는 붉은 조명을 소등하러 가고
야스민이 키우던 검둥이 하나만 남아 그들을 기다린다
해마는 도취된 형태로 뒷굽을 구른다
춤에서 언어가 형성된다

I am calling you
Can't you hear me
I am calling you
나를 스쳐 지나가는 뜨거운 마른 바람과
아기가 울고 있어서 잠을 잘 수도 없지만
우리에게도 변화가 오고 있다는 걸 알고 있죠
달콤한 해방이 다가오고 있어요

해마는 실업자처럼 실실 웃다가 구슬프다가 노하다가 그만 꿈을 꾸고,
사막여우를 보고 있자면 삶이 평안해져서 불안 또한 엄습

하고

야스민을 보고 있자면 아랫배가 아릿해져서 연명할 수 있을 것만 같고

그러다가 배가 고프면 내리지도 않는 햄버거를 먹을 수는 없으니까

바지 주머니에 가끔 숨어 사는 푼돈들을 불러 모아

푹푹 튀긴 닭다리 하나를 집어 들고는

이따위 아무것도 아니라는 듯

게걸스럽게 살을 씹고 콧구멍을 거하게 벌렁이며

이따위 아무것도 아니라는 듯이

---

* 제베다 스틸: Calling You, 영화 〈바그다드 카페〉 OST.

자화상

손을 자르지 않아도 시를 쓰는 그 사람, 귀를 자르지 않아도 그림을 그리는 그 사람, 다리를 자르지 않아도 잘만 뛰는 그 사람, 생식기를 자르지 않아도 갖가지의 체위를 통달한 그 사람, 음악을 하기 위해서는 살아내야만 하는 그 사람

가시는 좋아해 주지 못하나요

가시나무, 가시나무래

두 번이나 앓았는데도 가시나무는 가시나무래

너는 향그러운 스톡 한 다발을 받고 울었대 그건 사랑을 받아서가 아니고, 감사함으로 흘린 짠물이 아니고, 가시나무가 찌른 가시 때문에, 망가진 파운데이션의 얼룩을 닦으며 엉엉 울어버린 거래 아무리 겹겹의 밀도가 되려 해봐도 나는 어쩔 수 없는 가시나무래 너를 위해 꾹꾹 눌러 쓴 메모지의 글자들도 뾰족한 가시가 된대 너와 눈이 마주치면 푸른 바다가 보이고, 나는 너의 영롱한 바다가 곧 어디선가 사온 렌즈라는 걸 알게 되고, 너는 다시 한 번 짜고 깊은 바닷물을 쏟아내며 망망한 아이라인을 숨겼대 나는 여전히 가시나무래 너는 가시나무에게 찔리고 상처를 숨기고 상처를 숨긴다는 건 근원의 객체를 숨기는 것이기에, 가시나무는 애써 노력해도 변하지 않는 가시나무래 오래도록 그 누구도 자랑할 게 못되는 가시나무래 그렇게, 서서히, 가시나무는 제 가시들을 포기했대 제 몸에서 뻗친 제 팔들을 제 다리들을 제 장기들을, 가시로 덮인 제 진심을 깎으려 했대 마침 치실을 끼고 욕실 문을 열었던, 너의 높은 염도가 정체되고 난 뒤에, 삭막한 온기에 패배하고 귀가한 집에서, 공중에서 떨어지는 유리를 보며 너에게 주고 싶지 않았던 가시들을 던졌대 저에게 다가올 때는 제발 좀 닥치고 와줄래요, 가시 하나를 뽑았대 그리고 너는 고통이 곧 통곡이었대 제가 보고 싶으면 너의 사람들부터 버려줄래요, 가시 하나를 더 뽑았대 너는 아프기만 했대 꾸역꾸역 웃지도 않았대 마지막 하나 남은 가시를 뽑아내며, 이제 나는 누구신지요

헤아릴 수 없는

언니는 이틀째 망부석이다 그가 돌아올 것만 같다며 일주일 전에 배운 ALLER동사와 INFINITIF동사의 정의를 언니의 것으로 만들어보려는 노력도 하지 않고, 그가 돌아올 것만 같다며 얼룩진 창문 곁을 떠나지 않았다

단 한 번도 언니는 그의 것이 아니었다 피를 덮은 침대에서, 수레바퀴 아래에서, 볕이 들지 않는 북향에서, 종로 한복판에서 사시사철 그를 기다릴 수밖에 없었다 허기가 지면 혀를, 육신이 피폐하면 절을, 눈이 멀면 가슴을 단련시키며, 그를 기다렸다 남향에서 바비큐 냄새가 불어오면 언니는 흔들리지도 휘청이지도 않았다 그럴 바에야 언니는 자신의 왼쪽으로 치우친 젖꼭지에 폭탄을 설치하고 남쪽을 향하여 투신을 할 거라고, 소리를 쳤다

언니는 그의 편지를 저고리 속에 넣어두고는 백두산의 능선을 가늠하며 중얼중얼거렸다

— 님은 외부인…… 그게 나아요…… 차라리, 차라리

언니는 혼자 남은 터에 누워 그를 그리듯이 콧잔등을 훑으

며

— 지피지기 백전백승, 최선을 다하셔요

라고 읊었고 언니가 뱉은 공기는 가장 무겁고 가장 고요한 속도로 명멸해가는 광야의 허공 속을 맴돌았다

살생 강간 고문 핍박, 하늘에서는 독수리가 산에서는 호랑이가 육지에서는 하이에나가 흙에서는 불개미가 바다에서는 상어가, 아우성이 아주 터무니없는 아우성이 족보부터 더러워진 채 아주 파렴치하게 울부짖는 그 아우성이 귓가로 가슴으로 애미 애비의 입으로부터 울부짖었다

— 살려주세요 살려만 주신다면 시키는 것이 무엇이든 다 하겠습니다요!

저기에서도 육신을 바치는 자가 있었고 여기에서도 육신을 바치는 자가 있었다

그만해, 그만하라고 멱살을 잡고 입술을 찢고 살을 벗겨도 밀고하는 자가 있었고 하지 마, 하지 말라고 바짓가랑이를 붙잡으며 눈물이 콧물인지 똥물인지 구분하지 못하였음에도 결국은 밀어주고 당겨주고 고백하는 자가 있었다

(헤아릴 수 없는 이유들이 많아서 뒷덜미를 지켜줄 수밖에)

언니는

— 2년이 지나면 꼭 귀가하셔요 2년이 지나고 그때가 되면 님에게 외부인의 언어를 완벽하게 들려드리겠어요 나는 여태 죽어 못 살았음에도 절대로 후회하지 않아요 님을 만났기에 뜨거웠고 지켜야 할 것이 명백해졌으며 진실의 힘을 깨달았지요 나의 님, 언젠가는 돌아오셔요 나 말고도 많은 이들이 환대할 것이니

라며 그에게 겹쳐진 두 손을 쥐어 보였다

오 : 이

락앤락
뚜껑이 열리고 성과 명분이 적힌 탯줄을 잡아
로큰롤
머리카락으로 전율이 돋아나면
아삭한 소리가 뇌리에서 굴러가고 인기척이 흐드러지면 소란스러워지는 중고 책상과 슬슬 거슬리는 파자마에 묻은 쌈장의 중력

미안한 걸 어떡하나요 미안한 것을 어떡하냐고
저도 처음이라서, 우리 다 알면서도 이래요 우리 다 알면서도 그랬잖아요

싱크대에 고인 모정의 오이 껍질

저 바빠요
숟가락 들 시간도, 새로 산 스피커에 손때 묻힐 여유도, 오이 먹을 입맛도, 김장은 다음에, 이다음에, 그다음에, 귀향은 못하고, 고향은 없고, 바쁜 거 알면서, 알면서도 그래요

다음에 다음에 다음에 할게요

싱크대에 고여 문드러지는 모정의 오이 껍질

누구를 위하지 아니한 젊음을 살겠다고 적게는 세 살 많게는 다섯 살 많은 나이들을 기억하며

야망이 있어야 살 수 있다고 야망이 없는 너희가 참으로 안타깝구나 매일 술에 절어 뒤치다꺼리가 명분이었던 내가 참으로 애틋하구나

오이가 맛이 없다고 하는 너희를 존중하리라 오이를 왜 먹냐고 물어뜯는 너희를 타이르리라 오이를 좋아하는 나를 외면하던 너희를 용서하리라

오이한 너희를 내 안락한 치아들로 씹어버릴 것이리라

세탁기는 항상 비워져 있었고 문턱에 먼지 한 톨도 쌓이지 않았으며 밥솥도 냉장고도 신발장도 싱크대도 손 갈 곳 하나 없었다

그럼, 그때 깨달았어야지 늦었다 해도 척이라도 했어야지

다음에 다음에 이다음에는 문드러지고 부패되는 껍데기만 있을 뿐

다 알면서도 모르고 모르는 것을 알면서도 외면하는 한결 같은 사람아

동숭동

왜 울어요 울지 마요 울고 싶지 않아도 울 수밖에 없는 하늘을 가리고

자,
당신 지금 오프너를 잡고 문을 벌려요
들어가는 제가 붉은 방울로 흘러내리지 않게
진하디진한 브라우니가 되고 싶어요
쫀득함을 넘어 떨떠름한 아이들을 주고 싶어요
당신의 은둔처로 입사하여 옹기종기 모여 들이고 싶다가도
당신의 숨통으로 입싸하면 어떨까 하는 저주를 퍼부어요
성격이 급해질 때면
당신의 배꼽 위에서 살고 싶다는 생각을 해봐요
저문 밤에 채소를 먹었는지 육식을 먹었는지 알게 뭐예요
저는 그저 이 뜨거웠던 사랑의 시위를 지지하고
우리의 모든 것이 사실이 될 때까지 멈추지 않는 행위를 연모하는 거예요
진실은 가라앉지 않아요 알면서도 몰라요

자,

문고리를 당기세요

당신에게로 들어가려는 새를 보았을 때에는

더 큰 중력으로 다리를 오므리고

지옥 같던 풍파를 되새김질하며 허벅지를 닫으세요

새는 늘 자유롭게 날고 있는 거 같지만 항상 공포를 느끼고 있어요

저는 당신과 유유히 낭떠러지를 보고 싶었기에

또는 가늠하지 못할 천국을 느끼고 싶었기에

엎치락뒤치락 척추와 무릎의 포지션을 바꾸었고

고요할 때마다 저며오는 공포

흔들릴 때마다 쫓아오는 두려움을 잊고 싶었기에

그랬었나 봐요 그렇게 하고 싶었나 봐요

자,

당신의 나신이 곧 나의 종교요 헤아림이자 안식처입니다

문득하고 오늘의 정적이 깨어나기 전에

그 테이블의 펠라치오가 그 볼륨의 오르가즘이 함몰하던

연극들이

벌건 벽돌 틈으로 깨벗은 돈벌레처럼 스르륵 기어갈 때면

당신의 이마에 또 다른 이마를 버렸던 거예요

필연처럼 오늘의 정적이 깨어나면

진부하고 그럴싸하게 당신의 손을 잡고 그 거리를 걸어요

흠뻑 묻어 있는 손금에서 잃어버렸던 땀구멍이

두근두근하고 죽어있던 가슴을 때려요

돌아가야 해요 어딘가로 들어가야 해요 하지만

약도는 무뎌질 대로 무뎌졌고 찢어진 것처럼 돌이킬 수 없기에

당신은 그 예쁜 눈으로 갓 자라난 턱수염을 세고 있어요

갈증이 난 당신의 미간을 이해할 수 있고

투신하는 한 가닥의 머리칼을 잡아줄 수 있고

타락하는 당신의 혀를 빨아줄 수 있어요

다 할 수 있으니까 다 알고 있고 이 너머를 짐작할 수 있으니까

우리가 미쳐 있던 체위로 수많은 날들을 살아냈고

수억 년간은 마르지도 다다르지 않을 체취를 남겼으니까

저 아주 조그맣고 연약하게 혼잣말을 할게요

제발 마주치지 말아요 저보다 성가시지 않을 것들을 사랑해주면 안 될까요

저 기지개를 펼게요 걱정은 마요 당신을 헤치지 않아요

잠깐만요 당신 아직 울고 있군요

당신 같이 울고 싶을 때 새는 말이죠

까베르네 쇼비뇽을 반나절 동안 쉬지 않고 곱씹어야 한답니다

구태여 주취가 은은해지고

취중을 걸치는 순간 문장 하나가 떨어지네요

우리 꿈속에서 만났던 것처럼 마치 꿈처럼 사랑했던 것 같아요

자,

제가 이렇게 울면서 애원하잖아요 저랑 같이 자자고요

시대의 몰락에게 키스를

벤치에 앉아 궁상만 떨고 있는 걸로 보이나?
피사체를 보지 말고 그림자를 봐라
미장센을 살펴라 포커스를 넓혀라
보이지 않는 곳에서 들리는 담배의 발악
낮출 때로 낮춰서 귀를 기울여 봐
몸이 찢어진다 육체가 잿더미가 된다는 것을 상상해보고
그득한 숨들이 한낱 연기처럼 소멸한다는 것을 가늠해보아라
님은 몇 겹 없는 가슴을 부여잡고
부디 울고 불기를

투쟁과 반발과 개혁이 독립의 광장으로 전진한다
나, 당신의 것이니 힘을 주소서
어느 누가 제 몸의 하나를 버리겠습니까

허공에서 흩어진다마는
한 가닥의 실마리들이
파뿌리처럼

한 줌의 힘이
탈환의 기회를 맞이할 것이고
기어코 만나
그곳으로 거리로 국회로 파국으로 닿지 아니하리

어딘가에 어딘가로 어디서든
예술가라고 자칭하는 망상가들에게 욕설을 퍼붓고
너희가 적의적으로 채워 주었던 술잔을 다 받아 마셨으나
언제였냐는 듯이 숙취로부터 벗어났다
국가폭력에 대한 고통으로부터 나아가
권력의 제패 앞에서 끝끝내 무릎을 꿇지 않았으며
대마초와 문신이 부정당한 규범에 정당화를 소리쳤으니

나는 이로써 죗값을 털어냈다
가장 독한 담배의 영혼들이 내 발밑에 쌓여 있는 것처럼

현장은 노스웨스트 더비
투박한 발길질 투박한 무빙 투박한 살인태클 투박한 심판

이곳은 정열적이다 못해 더티한 새빨간 스트립쇼의 광란
파티
레드와 레드
레즈와 게이들
진짜 9번과 가짜 9번
돈 먹고 난입한 위선의 벌레들이
사마귀의 정사처럼 뒤섞여 있다

환공포의 주범들이 이 얼굴들이고
징그러워 발작하고
환장하여 탈진하고
기도를 틀어막는 혓바닥이 똬리를 틀어도
해설위원은 뭐하나 앵커는 코파나 감독은 뭐하나 기자는
퇴근했나
논쟁처럼 지루하고 정치처럼 어이없고 훈수만 두기에는 근
질거리는
이 대결이 박정하다

나는 님들에게서 멀어지려
힘차게 발을 구슬렀지만
님들은 이미 내게서 떠난 지 오래였다고
착란…… 착란이다

나의 사랑하는 님들은
미개한 잡담만 늘어놓고 있었고
몰락하는 시대의 매카시즘이 혁명처럼 당도했으니
달고 맛있으니 쉽게 이겨 먹기만 할 뿐

정녕 님은 아무것도 모르셨습니까
체와 채는 빗겨나간 만큼 영영 돌아오지 못할 귀로인 것을

주최 없이 흔들리기만 할 뿐이다
사랑에는 안중에도 없었으니 나를 지칭 하여
스쳐가는 젊은 날의 방랑자였다고
오, 찬란하도다

님은 너무 쉽게 살고
쉽게 만나고 쉽게 떠드니
우리는 날씨 탓에 식은땀을 닦았고
또 왜 이리 날씨가 추운지
걸어가야지, 걸어야지

아무쪼록 아무개를 포효해야
극한의 감정에서 해방이다
대립이다, 이분법에서 원환의 사고로
해방이다, 흑백에서 레인보우의 논리로
독립이다
님들이 맛있게 먹고 더럽게 투기한 채 나 몰라라 방치한 네카시즘에서

그렇다면 우리란 무엇이냐 뭐냐 뭐냐고
뚫린 입으로 침을 뱉는다

노래, 노래 섬원투와치오버미에게 두 손을 모으며

재즈, 재즈 지금 또한 낭만의 시대라는 것을
누가 알고 있겠나 누가 알아주나 누가 직시하나
몰라, 몰라?
모른다는 님은 애초부터 무지하게 지내셨어야죠
나는 뷁을 모으고 웩을 뱉고 덩어리로 돌아오는 뷁을 맞는다

잉태의 순간부터 좌절한 것만 같다고
엘리 엘리 라마 라마 사박타니
아아, 됐고 왜 님은 오늘따라 크게 짖는 건기

이해하기에는 쉬워도 빙의하기에는 무뢰한인 싸움
님들은 웃기에 바쁠 거다
우리는 포퓰리즘에 열광하는 개돼지니까

내 애인의 시집

대문이 활짝 열리고 종소리가 길거리로 울려 퍼지니 스타티스 한 다발이 고개를 내밀었다

동시에 인중이 그리고 입술이 태양계를 범람하자

밥솥에서 떠오르던 김이 산봉우리를 휘감으며 불을 지피고 있었다

브로콜리와 양배추를 능숙하게 썰어내던 애인의 등뼈가

숱한 날의 저녁처럼, 힘들어졌다

져야 했음에도 지지 않으려 했고

기어코 속절없이 연명하면 행복하겠냐고

잠시, 이 모든 자문들을 배제해보자, 우리는 잘 지내고 있는지 잘 살아가고 있는지 한 치 앞도 모르겠지만, 시간은 잘 지내고 재빠르게 살아내고 있다고, 이 자체로써 우리는 패배할 수밖에 없는 거라고, 애인과 마주하고서 이야기하고 싶다

우리는 힘을 다해 떠나가 가지런히 망망의 입을 흩날렸다

추억은 혼자 남아 여생을 떠나지 않겠지만

>

죽겠거니 살겠거니
오순도순 지내왔던 애인의 체취가 떠오른다
좋다고 좋다고 만났다가 언제는 싫다고 싫다고 핏빛의 립스틱을 깨문다
누구 하나는 어디가 고장이 난 것처럼
말소리는 겹쳐 뭉개지고 있었고 엇나가는 숨소리는 잘도 들렸던 그해, 이면수의 가시를 발라내던 어느 년도

애인이 애인에게 심신을
애인이 애인에게 정신을
애인과 애인은 ㅅ ㄹ ㅎ ㄷ

팔을 베고 달콤한 낮잠을 듣던 어느 오후의 호숫가
샤랄라 커튼은 비단결이 되고
소라게는 짖지 않는다는 클리셰와
빛과 별과 벨과 책과 같은 보편적 평안함을 효용한다
고결한 체온과 장엄한 노을이 무르익었을 때
저기를 보면 손 편지가 있고 여기를 보면 러브레터가 있던

인류의 여생, 그곳에서 낭만에게 당한 것이라고
우리는 완벽하게 지배되었다고, 스타티스의 한 송이가 낙화한다

나에게는 건강한 애인이 없어서
미역국을 끓이다가도 먹다가도 쉬다가도 잘도 미끄러졌다
나에게는 젊은 애인이 없어서
뼈만 남은 옆구리를 떼어내어 숨을 겨우 붙였다 가끔 담뱃불을 미끄러뜨리며 명치를 헐떡였고 그런 와중에도 연기는 참 잘도 뱉어댔다
사라지는 순간, 모든 것이 매끄러웠다 미역을 삼켜서 그런 걸까

나는 심심하지 않게 구강이 곪아 아이스크림을 오후 내내 녹였다
그러다가 울렸다

대문을 열고 집으로 들어선다

내 애인은 동서남북으로 흩어진 머리카락을 쓸며, 우는 것도 웃는 것도 아닌 얼굴로 낯설게 팬 주름에 잡히고 있었다

맘이 맘이, 이렇게 내 맘에서 늙어가고 있다

:)

I miss you,

놓친 거라고, 실수인 거라고,

거짓말, 거짓말, ……,

실수뿐인, 새끼손가락, 반복되는, 번복의 사유들, 진실은, 딜리트, 를 넘어, 딜리트로, 자의는, 꾸밈의 자위, 새끼손가락, 씹새끼들, 솜방망이, 용서의 잔재들, 무엇이냐, 무엇이랴, 창피한 것은, 토플리스, 스페이스, 를 넘으면, 진보를, 혈안을, 음모를, 각질을, 실오라기도, 벗어야, 하거늘, 토플리스여, 반과, 반이여, 다, 다, 진실일 수는 없었으니, 통용을, 하기에는, 벅차고, 너를, 품기에는, 비좁은, 나의, 가슴이었으니, 실수, 실수, ……, 허용을, 하기에는, 드넓은, 카테고리, 초원, 광장, city, 허허, 벌판, 허수아비처럼, 해바라기처럼, 여자의 아버지처럼, 남자의 어머니처럼, 남동생의 누나처럼, 여동생의 오빠처럼, 혼자이고, 빗나가고, 엇갈린다, 각자의, 부조리를, 사랑하겠나이까, 사랑할 수 있을 때가, 그때가, 칠흑 같은, 범주를, 주관으로, 객관화로, 볼 수 있겠나이까, 이것, 또한, 부조리임을, 그것, 또한, 내, 네, 사랑이, 한 차례, 죽어, 아니요, 몇 차례의, 부고를, 깨닫지, 못하리오, 않으리오, I miss you

두 번째와 첫 번째 사이

두 다리 멀쩡한 것이 성에 차지 않았으니 모쪼록 발품을 팔아
새가 되었습니다
당신에게로 도달할 수 있는 지형이 평안해졌다는 것입니다

줄자를 길게 늘어뜨려 수평을 만들고
칠석의 달이 차오르면
견우와 직녀가 남기고 간 오작교가 떠오릅니다

깃털의 결을 다듬고 부리를 닦으며 매무새를 정돈해봅니다

당신을 견주니 당신도 모르게 보이는 당신의 자태
파동으로 인해 부서지는 나의 심장 그 안의 호수 이성의 박멸

이 다리를 건너면 다시 돌아올 수 있을까요

밤하늘에서 가장 빛날 수 있는 행위를 고릅니다

나의 첫 번째 여행
두 개의 다리로 당신을 만나러 가는 길입니다

숨이 벅차면 자신을 잡아먹을 수밖에 없습니다
그런데 왜
저는 두 개뿐인 다리로 당신에게 가려는지요
오, 나의 superego……

고백과 고백의 다리에서 천 마리의 학이 날아오릅니다

아인슈페너

마지막 잔이 비워지면 그이는 떠날 것이라오
아무도 모르는 요람이 있는 곳으로 고해와 회한이 있는 곳으로 떠나겠소
당신은 혼자이겠지만 방치는 당신의 대목이 아니라오
레시피를 적어놓은 편지를 읽어보시오 당신의 가장 뜨거운 곳에 남겨놓았으니
그이를 원망하지 마오 부디 그러기를 바라겠소

병마와 싸우듯이 한평생 그이와 나는 잔인한 혈투를 펼쳐왔소
고독이 무엇이더냐 외로움이 무엇이더냐
씁쓸한 사색이 유일한 벗이었다오
그이의 안에는 염증만 남았다오 생채기가 돋아나도 늘 상처가 부족했소
여백이 파인 곳을 아무리 덧칠하였음에도
덧칠을 불법처럼 혈서처럼 문신처럼 해왔음에도 채워지지 않았다는 것은
그이 안에 사는 내가 불안을 바라지 않았을까 골몰을 해보

기도 하오
그러니 당신은 그이를 원망하지 않았으면 하오

빛의 잔상이 술의 진상이 당신의 초상이
불안한 담배 연기처럼 흔들리고 부서지고 소수점으로 날아갔다오
떠난 것을 잡을 수 있다면 잡은 것을 놓치지 않는다면
살아가는 데 있어서 이별과 만남이 어찌 공생할 수 있겠소
당신은 그이를 삼키면 되고 그이는 당신을 다시면 되는 것
아무 일 없었다는 듯이 보조개에 앉은 초코 파우더를 닦아주오
당신은 그이의 흔적을 원망하겠지만

가끔 지구가 각지지 않았다는 것에 대해 의심을 해본다오
쉴 곳도 안착할 곳도 없이 계속해서 연명을 품고 나아가야 하오
당신과 그이가
같은 속력으로 달린다 해도

당신과 그이가
다른 가짐으로 기다린다 해도
공생하는 동안에는 도태될 수밖에 없소

마지막 잔에 입술이 빠지고
거품이 넘치면 거품을 훔치고 입 안이 가득해지면 입 안을 비우며
하염없이 하염없이 하염없이

제3부

찔레꽃

꽃이 울면
비단 같은 이슬이 맺혀 있었고
나는 그것이 영원할 줄 알아서

떨어지는 이슬을 보지 못한 채
당신을 떠나보내네요*

* 또는 키 큰 건물들 사이로 수영하는 자그마한 햇빛에 눈이 멀어서, 방울방울 매달린 열매를 축복이라 읊고 당신만을 위한 책갈피를 만드느라, 노래는 어떻게 하면 잘 부를 수 있나요 뭐만 하면 울어버리는 지하 주차장에서 목소리를 높이느라, 괜찮아요 괜찮을 거예요 일기장에 적고 봄볕에 기대어 선잠을 이루느라

마로니에 공원

비둘기가 고개를 둘러대고 있다
누군가가 어깨를 툭 치고 그렇게 뒤를 돌아보면 비둘기는 백색이었다
날아오른다
말끔하게 바둑돌을 부리에 물고

다시 날아오른다 그 사람의 발길질 때문에

핫도그 가게 앞에만 서면
폭력의 재해가 맴돌았던 예술들이 매대에 놓여 있다
그 역사를 전범하는 희극이 소시지처럼 숨어 있다
이모, 설탕 묻혀주세요 케첩 이거 쓰면 되는 거죠
누군가는 밀고에 의해 누군가는 이모의 권력에 의해
핫도그를 사 먹는다

이토록 간단한 과정이었으나
씹히지 않는 대물림은 구역질을 일으키기에
내 옆과 나와 너는

핫도그를 겨우 사 먹어야 했던 가난한 자였으리라

날아갔던 비둘기는 돌아오지 않고
그 발길질이 예술가였음을 방자하였으니

예술이라는 건
무엇보다 무거운 탓에 내려놓지 못하는 것
가라는 건
가야 할 길을 잃어서 갈 곳이 없다는 것

이모, 요즘 들어 핫도그가 작아진 건 왜일까요

프롤레타리아트의 먹이사슬

영감이 없다는 것은
지팡이에 붙어 떨어질 듯 떨어지지 않는 잎새가
곪아떨어진 산세의 절경이
일반 좌석에 앉은 양반들과 일반 좌석에 앉을 신사들이
꼬마가 더 이상 울지 않아 먼지 쌓인 유모차를 바라보는
노트르담 대성당과 숭례문이 하늘 아래 있다는 것

봉쥬흐
봉수와
본늬

영감이 없다는 것은
한 여자와 한 남자가 내동댕이치는 바닥의 옷을
한 여자와 한 남자가 그런 바닥을 주워 담는
한 여자와 한 남자의 동공이 0:0으로
한 여자와 한 남자가 문을 열고 나가는
한 여자와 한 남자가 어둑한 터널을 아무것도 없이
한 쌍의 육체가 마음에 기별도 없이 헤어지는 것

봉쥬흐
봉수와
본늬

영감이 없다는 것은
공이 없는 운동장에서 찰 수 있는 동사와 차여야 하는 명사가
오래된 벤치에 앉아 간절함의 시늉을 하는
총도 아닌데 음흉한 구멍이 뚫리는 노랗고 놀라는 은행나무가
논리가 없어도 엎드려 고개를 숙여야 하는 똥강아지가
도살장에 끌려가는 가축이 용케 도망쳤다는 것

한계점에 도달했다는 것을 깨우쳤을 때
본늬
하고 머리를 눠는 자와
봉쥬흐
하고 영감을 얻는 자

밤은 길고 낮은 짧다 긴 터널을 빠져나왔을 때 높은 곳에서 향연하는 빛을 보았다 눈이 부셔서 그 이상 보지 못했다 그랬다 그랬던 것이다

알레고리의 아홉 번째 궤도

들린다
어느 곳에서든 들렸다

구해줘 구해줘 구해줘 구해줘 구해줘 구해줘

손톱에서 뭔가 태어나길 원하고
그새 자라난 것을 자르기 위해서는

버리지 말아요 당신의 버터 팻 트리오
커피를 내려드릴게요 갈리는 소리와
가래떡이 하나에서 두 개로 갈라지는 교묘한 순간

끝은 어디에 있나요

커다란 궤도에는 반짝이는 것들이 있고
노 스모킹이래요

채 뿜어보지 못한 숨도 있다

>

(아홉 번째 행성이 소멸되기까지 걸리는 시간, 8분……)

그렇게 나는 어딘가에서 나왔다
우렁찬 짐승의 소리를 내며
자궁을 통과하고
지구의 중력을 무시하며
뉴턴의 사과처럼
별똥별처럼 어딘가에서 떨어졌다
뉘여 있던 곳이
짐승들의 숲이었는지
어딘가에서 흐르는 눈물의 근본이라든지
날씨가 따뜻했던 어느 생일날이었는지
어느 누구도 알지 못했다

언젠가부터 나는
기억의 미로에서 죄를 씻어 버렸고
그것은 성치 않은 정신이었으니
십여 년이 지나고

살아 돌아왔을 때
그런 내가 곧 점진이었다고 생각하자
그날의 짐승들은
우렁차던 포효를 잃었던 것이다

어딘가에서 나왔을 때
나는 소리가 우렁찼고 통과한 곳은 환상의 근본이었으며 철저히 존재로서 살아가는 자명을 무시하려다 이미 누군가가 구축해놓은 섭리를 넘어서지 못하고
떨어졌다
한철 사과와 나의 잃어버린 별똥별처럼

이성과 감성 사이의 블록

저희는보다장황한문체로잘지내고있어요
엎어지면코닿을직감에서말이죠

신주쿠밤거리의캔콜라같은어체는더이상끈적하지않아요
얼굴면적대부분에침이쏘아져있는데나름낫배드에요
다소과한무브먼트가국적을헷갈리게하네요
여기는대한민국인가요
아메리카인가요아프리카인가요유럽인가요
어디가됐든엎어지면코닿을거리에있는거라면
저는요귀지만큼도상관없어요
저희가존칭을붙이면저희는반존대로말풍선을이어불어요
때로는어색하고망부석이되어잔머리를굴리고웃는연습을
하다가
느닷없이느린재즈가나오고갑자기그순간에눈이마주치면
매일추던춤을매일마주하는사람을안으며박자를헤아려요
불빛은점점제가부르는노래의점이되고
쫀득한위스키와장난스러운키스
상상만해도쇼크로즉사할것만같아요

더불어족보까지도폭파될것만같고요

저희는저희가살아있음에대해당연히죽지않았음에대해의논해요

오늘의기분은어떤지어제보다아름다운구름이보이는지

오르가즘이란무엇인지한낮광장에서의섹스는어땠는지

저희는저희에대해이렇게나당연한사실들로이루어져있어요

저는저희에대해정갈하게배열하고낱낱이파고들고싶지만

보다시피 이렇게나 가까운걸요?

멀어질　　수가　　없는걸요　　……

뱅쇼

그와 닿는다
촛농에서 마른 불덩이가 떨어질 때처럼

굳은 것은 녹이면 돼요
녹이는 방법과 억지로 열거하며 녹는 연기 날개뼈를 안아주고 손등의 각질을 잡고 복숭아뼈를 만지며 성기를 쓸어내리고 감각을 쓸어 올린다 연거푸 좋아한다고
입술을 남북으로 깨물며 등을 달고 등의 이치와 결부하는 방법들

타락하는 날개에서
결점이 없는 표면에서
망가져 버린 행주에서
기름이 묻는다 물과 기름이 섞인다

그에게 눈을 감지 말아요, 라고 읊는다
다시는 눈을 감지 말아요, 라고 그는 버벅인다

열두 시가 되면 그는 외투를 잃을 것이고 구식 카니발과 열평짜리 거주지 육대사로 갈라지는 소의 침샘과 뜨뜻미지근한 피부 결을 포함하여 모든 것을 잃을 것이다

전지전능한 그였거늘

신은 이리도 오래 자는 존재였던가

삼십삼 분이 지난 후에는 나를 잊을 것이고

지금은 현재 방금은 과거 그와 나는 연인 나갈 때는 주머니가 두둑해지고 들어올 때는 볼살까지 홀쭉해지는 사랑

한쪽이 구애 때문에 반대쪽이 구애 덕분에 미쳐가는 연인

사운드를 들이고 넓은 들판을 달리며 때때로 아무것도 아니고 싶다

그에게 키스를 한다

막 폭발하는 폭죽처럼 이미 망가질 운명이었던 불꽃처럼 만나면 무얼 해야 할지 고민하지만 결단코 고뇌의 영역까지는 도달하지 못할 사이였던 것처럼

무슨 말을 해볼까 팔오금에 손가락을 넣어볼까 까마득한

팔꿈치를 핥아볼까

무슨 짓을 해볼까 헤프게 웃어야 하나 싸구려처럼 울어야 하나

그러려니 그를 투시한다

그의 얼굴이 주전자에서 흘러넘치면 끓었던 것은 끌어냈던 것은 끝내 당겨진 것은 지독한 나였음을

사과 네 조각 레몬 세 조각 계피 한 움큼 와인과 뜨거운 물은 반비례

그가 삼킬수록 나의 생기는 줄어든다
매복하고 싶다
머그컵이 차가워지면
애걸하고 싶다
새끼손가락을 걸어놓고
도망가야겠다

ㄱ과 ㄹ을 기억하는 곳에서

그저께가 크리스마스였다면 그끄저께는 손에서 손으로 파도를 지어 겨울을 보냈다
나무는 없어지고 나무가 있던 자리에 트리를 심었던 그그끄저께
야하지 않은 야관문 홀로 길을 빛내는 문짝에서
홀짝홀짝 외로움의 연기와 홀쩍훌쩍 루돌프 코가 되어버린 젊은 술쟁이들

그들에게 봄은 있었던가
그와 걷다가 세상이 분홍색이라고, 나는 말했다
말했지만, 분명히 말했지만 겹치는 여자들과 남자들이 서로를 섞었다는 말을 듣고
우리는 화를 낼 때 웃음이 난다는 걸 깨달았다

아, 기분 봄 같네
좆같은 봄, 그들을 볼 때마다 나무에 걸린 꽃들이 두 사람에게서 떨어져 나갔던 옷가지처럼 흔들거렸다
핑크처럼 수줍게 핫핑크처럼 정열적이게

>

지난여름 에어컨이 고장 났고 그이는 아스팔트로 달려나갔다
사랑을 한 건 고작 하나의 계절
아이스크림의 열기가 더위보다 강렬했을 때
참 강렬해서 눈이 맞았고 눈이 맞아서 다 이겨낼 수 있다고 믿었지만
사실 난 신을 믿지 않았고 사랑도 믿지 않았다
그래도 그래도
노래를 부르며 너 하나는 믿었건만
나 하나 조차 믿지 못해서
사랑은 사랑은
철저하게 녹아버렸다

보란 듯이 찾아오는 사계절이
이제 태어난 친구들이 술집을 드나들 때마다
두 계절로 줄어든다는 뉴스를 봤다
그래서 가을이 점차 희미해지는 건가 싶었다 엔조이는 점점 바이를 찾아 떠나고

낙엽을 밟아야 하는 의미도 그래야만 하는 강박증도 바삭이던 냄새도 그렇게 잃어갔다

어쩔 수 없는 것들로 인해서 나는 사계절을 손목 깊숙한 곳에 숨겨두기로 했다

우리는 잊지 않기로 해

약속하는 거야, 기억하는 거야, 다 할 수 있잖아, 아픔은 아픔으로 추억은 추억으로, 쓰다 만 일기장은 꼭 다시 펼치기로 하자, 헤어지자는 형언의 행위는 진심이었지만

부덕하게 벌어졌던 사이에서 우리 만약 다시 만난다면

Been

포차에서 첫눈이 내리는 걸 보고 너에게 볼을 내어주고 싶었다

한참을 주정뱅이처럼 곤히 앉아 있다가
시간이 가는 줄도 모르고 너의 결정을 세어보다가
동틀 녘이 스러지고 있었다

술을 잘 하지 못하는 나는 고백도 잘 하지 못했다
잘 못하는 것은 언제나 잘 하기 어려웠다
너라는 사람을 어쩌다 사랑하게 됐는지 어떠한 연유로 사랑에 빠졌는지 너를 보면 사랑이라고 확신할 만큼 근거가 충분했는지

사랑은 타이밍이라는데
타이밍을 맞추려 했던 나는 아무런 의심 없이도 박치였다는 것을 깨달을 수 있었다

온종일 잘 하는 게 없어서

동틀 녘에는 첫눈이 내린다고 하길래
그 눈을 너와 맞으려고, 너와 맞추려고 기다리고만 있었다

너는 춤을 자주 췄고 네가 옷자락을 펼치면
꼭 그 은유의 선이 그 시대의 선녀처럼 황홀했다

숱한 사람들은 너를 피앙세로 섬기며 오색의 새장을 사들고 왔다 나는 여간 잘 하는 게 없어서 숨이 막혔고 길 또한 헤매기 일쑤여서 걸음마저 잃어버렸다

심장의 혈관도 따라 막힐 것만 같아서 에둘러 네가 빠트린 날개옷이 어딨는지 찾아다녔다

그 황폐한 땅을 버려진 알코올이 얼어붙은 그 바닥을 사람들의 토사물이 전경을 해석해주는 그 매스꺼운 곳을 그 광활하고 매서운 눈초리를 뚫으며

여긴 태양 앞에 마주선 것처럼 눈이 부시다고 어두운 곳으로 뛰어들고 싶지만 그렇다면, 그러면 앞으로는 너를 볼 수 없을 것만 같다고 너에게 내 육체의 일부분을 아니, 나 하나의 육체를 굳이 내어주고 싶다고 너를 무지막지하게 만날 수

만 있다면야, 이 한 몸 내세워 무슨 짓이라도 하고 싶은데 어떻게 해야 하냐고

다 게워 비우면 될 거 같았는데
이미 나는 눈 속에 파묻힌 한량이라 첫눈이 온다는 말을 믿고 기다릴 수밖에 없었다

줄곧 나는 떨려왔다 떨려왔다는 것은
앉은 다리가 어느 방향으로 돛대를 펼쳤는지 떨어진 발끝이 나의 정강이를 재고 있는 것인지 가죽 재킷 구석구석에서 타오르는 냄새가 풍기고 있는 건 아는지 머리를 쓸어넘길 때 느끼해 보이지는 않았는지
난 네 앞에 있다가도 없던 것처럼 살았고 너의 왼쪽 옆태를 보다가도 살짝 빗겨나간 거리를 유지하며 연명을 이루었다
그런 나를 보면 괜히 아팠다 그러다 너를 보고 있으면 괜스레 괜찮아졌다

오래 애무했던 교정기와 헤어져야겠다고 생각했다 그럼 너

와 사시사철 함께할 수 있는지에 대해서도 생각했다

만드라고라의 효능을 떠올린다

이번 생에는 빠르게 죽어야겠다고 내가 조금이나마 급하게 죽어야 다음 생에는 더 늦기 전에 더 늙기 전에 더 기다리기 전에

첫눈을 둘이서 맞을 수 있겠다고 두 눈을 맞출 수 있겠다고

언젠가 떨어지고 있었다 쌓여 있는 눈 위로 첫눈이 내리고 있었다

Est—Ce—Que

봄은 다시 오잖아

싱숭생숭은 햇살이 낳은 아이고 삼월이 돌아오면 그 아이의 눈에서 찔레꽃이 돋아난대

오월에 태어나는 새싹이 삼월에 태어난다네?

봄은 다시 올 거면서

새싹도 수순에 맞춰 두 팔을 벌릴 거면서 왜 먼저 피어나서 섣부르게 죽을까

난 잘 모르겠다

제자리로 돌아올 걸 알면서도

집 나간 바퀴벌레는 언제 죽고 영영 죽어 박멸로 인한 지출을 줄일 수 있을까

불안해

통장 잔고가 불미스러운 일에 연루되어 어디론가 달아날까 봐

화가 나

가스버너는 누가 잠글까 현관문이 열리고 닫힐 때 벌어지는 일은 음소거가 아니라서

체념해

궁상맞은 뼈들이 섞이는 일은 태반이고
삐걱이지 않는 날에 짝짝쿵 잘 맞겠다 싶은 느낌이 드는 건
다 개꿈이더라
추물 그리고 미련 곰탱이가 예명이 되면
내가 잘만 먹던 연어들이 꿀렁이는 소화 기능을 거꾸로 오르게 만드는 거야
먼저 지치는 연어는 죽을 것이고 먼저 도착하는 연어만이
살길이 열리는 거지
낙원과 파라다이스 또는 허니문을 통과하고
주위를 둘러보면 악마는 분명 없는데
천사 또한 없는 거지
오아시스에서 치근덕대는 멍청한 낙타들의 혹을 칼로 베면
황금보다 비싼 물이 나올 것 같았는데
그것이 핏물이란 걸 알아차리고는
뒤로 아슬아슬한 뒤보다 더 뒤 완전한 뒤에 나라로 자빠질 뻔했어
묻은 것을 닦아내고 닦아내고 닦아내다가 다시 닦아내던 것에 묻은 것을 보니

거울로만 보이던 내 얼굴이 그려져 있잖아
나를 볼 수 없는 내가 신기하기도
신기하면 호기심이 생기고 발동을 동동 걸어봐도
사람이란 게
세 개의 눈이 아니라는 운명이
가엾지 않니
묘비의 석자가 땅값을 저주한다고 하더라
카더라는 이제 믿고 싶지 않아
금발이 너무해서 세 치 혀가 머리통을 후려쳤단다
끝끝내 숙제를 풀지 못하는 신이 있고
싱숭생숭으로 태어난 아이가 있어
넌 누구? 여긴 어디? 나는 ㄴ

동부 이촌동

끝까지 여름이다
왕래가 잦은 길이 아님에도 가는 발과 오는 발이 있으면 그곳은 끝까지 더웠다
무자비하게 방관하는 숨구멍과 체념하는 적갈색의 개똥들
나의 병은 잠이 들 때가 아닌 잠에서 깨어날 때 발발한다 일상은 몽유처럼 휘청인다 그리고는
의심한다 사나운 곁눈질과 요동치는 뇌 이것 또한 물고 물어 의심하리라 그리고는
끝까지 여름을 체화한다

예쁜 말이 나오지 않을 정도로 더워서 나쁜 말이 나온다,
아오 씨발

킹스 크로스역 9와 4/3 승강장을 지나면
이촌역 3-1번 출구
하나 둘 셋 넷 다섯 여섯 일곱 여덟 아홉 열…… 열하나 열둘
열은 열이고 하나는 하나였으므로 더 이상 숫자를 셀 수 없

었다

나는 마법사가 된다
해리포터와 헤르미온느 그리고 노란 머리 론 위즐리
그들은 쓰리썸을 즐겨 하지 않았을까
몽상가처럼 발가벗고 창조의 미 육체를 만지고 타협하며 첫 경험의 축배를 찐한 것은 편집으로 그렇게 우리 안의 우리 손을 잡고 자유를 외치는 우리들

나는 마법사지만 마법사는 혼자일 때도 있지 뭐,
몹시 위태롭게 뱉어낸 씨발은 혼자 걷는 발을 보살펴야 했던 주문이었으니

금 나오면 금 나오고 태양이 지면 달이 뜨고 익스팩토 페트로눔 아무개 주문을 땀방울에 적으니 배알이 꼴리던 중화가 끝났다
폭탄이 터진 머리카락에 폭탄의 잔재가 남고 불이 붙은 머리카락이 타들어가기 전에 양날의 드라이기로 후 후 또는 위

잉 위잉 시원한 바람이 불어오고

드디어 끝났다 이게 뭐야 벌써 하루가 갔어 하,
탄식이 나오면 이발사의 가위가 눈앞으로 당도하였으니

저녁이 오면
오는 거고 가면 가는 거고
단지 그곳은 너희를 모르고 너희는 그곳으로 향하고 있으니 그 길은 수명이라 하였다 너희는 그곳에서 또는 그곳이 닿지 않은 중앙에서 죽음을 면치 못하리라 그렇게 또 히니의 너희는 조문의 행로가 될 것이니

이마에 앉아서 하는 사랑

임아, 너는 말했지 나랑 같이 씻자고 나랑 같은 치약을 먹자고 너랑 살아도 되겠다고 임아, 나는 밤이 우직하게 도래할 때마다 너의 평안을 지키고 있단다 두 개 중 하나가 덜 짚인 쌍꺼풀을 보면서, 방울토마토가 열린 너의 코를 만지면서, 좁은 이마로 나의 입술을 앉히면서, 은연중에 토라진 너의 머리카락을 두 가닥 뒤로 넘겨주는 짓까지, 나는 모처럼 사모를 즐기고 있단다 임아, 너의 볼때기에는 실핏줄이 그득하고, 나는 너의 아흔일곱 번째 실핏줄에 체취를 심어놔 너를 무량으로 사랑해서, 사랑이 영겁으로 흐르는 아흔아홉 번째의 회로를 베고 싶고 너는 나에게 깔리고 싶어 하고, 우리는 서로의 명치를 이입하며 침잠을 이루고, 이것은 단지 세상이 더러워서, 눈이 어두워서 미망하지 아니한 거라고, 우리는 단전으로 읊조리고, 도취되어 낭송하며 밖이 어두운 것이라 방황하지 아니한 것이라고, 네가 설파한 유토피아를 향응하는 거란다 임아,

너의 야위어가는 허리를 보면, 나는 사춘기처럼 창피하고 모순처럼 거창해져 너의 작고 좁은 가슴이 허용할 수 없이 패

여버린 셔츠에 매달리면, 나는 때에 따라 목숨을 잡고 때에 따라 목적을 놓아 버려 너는 크롭티를 입으면 배꼽 밑으로는 울었고 배꼽 위에서는 웃었어 너를 도도히 물고 도도히 빠는 연유는 미끄러지듯이 귀결로 이어진단다 너의 목도리는 심히 뻗어 있고, 두 쪽의 겨드랑이는 늘 간지러울 텐데, 살을 동동 구르면 말미암아 계절이 두 번 변모했다는 거야 우리의 사계절이 종말 했다면 왜곡은 말처럼 쉬워지겠다 임아, 담요에 물든 소금기는 어젯밤으로, 오늘 아침으로 국한됐단다 나는 서리고 어린 소금기를 다시고, 달고 짜고 맛있는 너는 구강을 정복했어 어제는 익숙한 맛으로 당도했고, 오늘은 열거하지 못할 새로운 맛에서 정착을 고려한다 나는 절정으로 폭주할 때면, 폐허에도 삶이 있다는 망념을 꿀 때면, 굳지도 않은 시멘트로 낙하하고 싶다는 충동이 들 때면, 나는 너에게 쫀득한 폭행은 죄가 아니라고, 퍼붓고 싶다 임아, 우리는 자주 바이러스에 패배를 하고, 거듭하여 백신을 발견한단다

우리 조금만 아프도록 하자 언어란 것이 침탈과 약탈의 무기한이고 배반될 수 없는 유기적인 번복이겠지만, 우리 많이

는 아프지 말자 아픔이 우리의 애정으로 침윤하지 않게 망망히 번져가지 않게, 넘치는 다정함으로 항생제가 되어주자 임아, 네가 꽃꽂이를 하듯이, 보랏빛으로 배인 입술에 담배를 꽂으면, 나는 혈액이 순환하는 것처럼 불을 붙여준단다 그리고 행위 한다 사랑해, 몸을 말다가, 하나 더 펴야겠다, 하고 덜 떨어진 재들과 너에게로 달려간다 임아, 나에게 아가미가 달렸다면 퇴화했을 거고, 점차 퇴행하는 이성을 마주했을 거다 지금의 현존하는 아가리는 실어했을 거야 임아, 신발장이 깨끗하면 영영 네가 실종될 것만 같단다 이 시각처럼 거나하게 늘어진 앞머리를 너의 혓바닥으로 쓸어 담아줘 임아, 이 보고 싶은 심정을 잠식시키려, 나는 보금자리로 돌아간다 아이고, 임은 또 여기에 있다 아이고, 임은 또 여기에

퇴적장

사정제(四聖諦)를 체화했습니다 왼쪽 두 번째와 세 번째 어금니가 벌어진 탓에, 채 다 사유하지 못하였습니다 사실, 네 가지의 맛을 소화하지 아니했고, 자꾸만 자꾸만 경도에서 새어 나오는 침과 기포 속에서 혓바닥은 저의 정정(正定)처럼 협소해져만 갔습니다 더 나아가, 참된 진리로 노릇노릇하게 구운 팔정도(八正道)는 얼렁뚱땅 씹어 넘겼습니다 욕심이 더불었습니다 그리고 식곤증은 덤과 덤으로 얹혔습니다 죄송합니다 진지하게 먹어서 죄송합니다 소화 기능이 덜떨어져서 죄송합니다

달력으로 달려드는 날짜가 추위를, 더위를, 재미없음을 안고 영면해 있습니다 그럼으로 저는 세상의 재미를 찾아 편력의 길을 정진합니다 전진하다 보면, 점진하다 보면 제 알 리 없었던 수많은 가탈들이 순례자의 정신을 괴롭히려 듭니다 하나의 인격은 없기에, 두 개의 인격 또한 없다고 믿기에, 제 다중의 인격은 열반을 위하여 비약 또는 승리를 위하여, 구원 혹은 자강을 바라며 초탈의 길을 걷습니다 기어코 모든 것, 과거, 현재, 미래 그리고 인간의 악과 죄를 변태하여 비아의

순간으로 당도하였습니다 눈을 씻다가, 목 근육을 풀다가, 마르고 부스러지는 뼈를 문지르다가 쏟아지는 광휘에 고개를 미어캣처럼 뻗어 올립니다 소나기가 내리고 있습니다 빗방울이 떨어집니다 죽어있는 달력의 숫자들이 깨어난 듯, 좀비가 들이닥치면 가장 먼저 은둔할 사람을 상상하며, 나아가도 나아가도 결국 제자리라는 자명함이 떠오르며, 세 개의 인격부터 차근차근 종말하는 정신의 현세를 들여다보며, 영혼의 눈물은 소나기처럼 내렸다가 빗방울처럼 소멸해가는 것이라고, 멸각을 위해 오래 일어서 있다가 멸각 중이었던 저를, 이런 저를 연민하며 누워봅니다 죄송합니다 배워서 죄송합니다 피력해서 죄송합니다 제대로 습득하지 못해서 죄송합니다

억겁의 기약 동안 열락의 제가 되고 싶습니다 바둥바둥, 목숨을 유지하면서도 꾸역꾸역, 잘 싸고 잘도 몸짓을 부풀리는 나비 비파 여덟 뼘 크기의 어항을 관조하다가 조소의 노예처럼 익살꾼으로 태어난 나비 비파를 마주합니다 약지 손가락의 지문을 나비 비파의 구강으로 삽입하고 싶어서, 나이테가 춤을 추는 다찌를 베고, 애욕은 은연중에 넘쳐나는 거라고,

손가락을 가져가 쑤셔 넣어보려 하지만, 각자의 보호막은 어디서나 존재하였으니, 벽을 보지 못하고 욕구만 발발했던 것입니다 벽과 벽 사이에서, 너와 나 사이에서, 본질과 허구 사이에서 미증유의 평안을 구걸하면서 동시에 시한부의 발악으로 응축된 제가, 이런 제가 아직까지 살아있고 아직까지도 호흡을 가다듬고 있습니다 아득한 필연이라는 미필, 기거하고 싶은 어느 곳의 처녀림, 사랑을 하고 싶어 떨치지 못한 애갈의 고통들, 죄송합니다 제대로 살고 있는 것만 같아서 죄송합니다 죄송합니다 다시 또 살기 위해 채비를 마친, 저 밑동부터 깊게 뿌리를 내린 욕망들에게 죄송합니다 저를 살게 해주는, 아름답고 우아하기 짝이 없는 지존한 소나기 같은 너에게도, 죄송합니다

마치 틀린 말을 하는 것처럼, 죄송해서 죄송합니다

08

흔들리는 버스가 한 커플의 도시를 넉아웃시킨다

불안한 디딤발과 불편한 손잡이와 먼지 앉은 2인석 좌석과 어색한 버스 기사와 눈치 없는 고등학생과 눈치 보는 노인들

너의 귀가 이어폰으로 덮여 있으면 난 혼자 씨부리다가 사람들과 눈이 마주치면 그대로 넉아웃

행오버
나는 오늘의 너와
행오버

소매를 팔꿈치까지 걷어 올리면 이목에 이은 촉감과 킁킁 코를 찌르는 후각과 들리다가 멈추는 이명과 소름처럼 돋는 닭살들이 나에게로 몰려든다 모이를 두고 달려오는 조류들처럼 고개를 돌리며 은근슬쩍 시선을 훔기는데 무슨 닭대가리도 아니고 그런데 너는 그렇게 보면 안 되지 나는 그런 널 보다가 영락없이 넉아웃

행오버
나는 방금의 너와
행오버

내 팔에 메시지를 적어놨는데 사람들은 이걸 보고 안면근육을 너무나도 쓸데없이 소모해

양떼처럼, 아메리카를 돌아다니는 양떼처럼 야크처럼 네팔에서 풀 뜯어먹는 소리를 내는 야크처럼

다행이야 너는 끝까지 표정이 없다

그런 너의 따분함을 보니 다시 또 넉아웃

행오버
한 커플의 도시는
행오버

너와 나의 버스는 이제 Over—ing

투 써머

나는 그저 너무나도 더웠기에 그늘을 찾아 바삐 걸었을 뿐

죽어갔던 습작들과 이미 죽고 다시 뻗어가는 생명들이
나를 이토록 증오했었는지
이제야 깨달았네

아름다운 것들을 막 사귄 애인처럼 사모하고
곧 헤어질 너에게 약간의 굽은 척추를 보여주듯
불살라 없앨 것같이 껴안지 아니하고

어떠한 행위에도
겁을 먹어 엉거주춤하는
이 여름에 이 해변에 이 뜨거운 실마리에

나는 그저 너무나도 더웠기에 그늘을 찾아 바삐 걸었을 뿐

해설

부재(不在), 세상에 없는 시간을 살다

고봉준(문학평론가)

새가 되었습니다

당신에게로 도달할 수 있는 지형이 평안해졌다는 것입니다

―「두 번째와 첫 번째 사이」 부분

너처럼 주저앉아 the love를 잊으라고

짙고 노랗고 휑하니 어두운 나의 눈동자를 체화하며

안녕, 안녕 이 더러운 사랑아

―「13월 11일의 나체」 부분

정경훈의 시는 2인칭, 그러니까 '당신'이나 '너'를 향한 발

화 형식을 취하고 있다. 시집의 첫 페이지에 등장하는 연쇄적인 진술, "백수는 사랑을 하고/사랑은 백지를 탐하게 하고/(…중략…)/사랑을 시인하게 되고"(「패러독스」)에서 확인되듯이 '백수-사랑-백지-시인'은 패러독스한 세계 안에서 의미의 계열을 형성하고 있다. '사랑'은 '백지', 즉 발화에 대한 욕망을 자극하는 것에서 시작하여 궁극적으로는 "사랑을 시인하게" 되는 단계까지 데려간다. 이때의 '시인'이라는 기호는 두 번 읽어야 한다. 한번은 '시인(admission)'으로, 또 한 번은 '시인(poet)'으로. 분명한 것은 2인칭 '당신'이나 '너'와의 관계인 '우리'가 '사랑', 즉 'the love'(「13월 11일의 나체」)라는 기호로 집약된다는 것이다. 시인은 '새'가 되어 '당신'을 향해 날아가는 상상을 한다. "두 개의 다리로 당신을 만나러 가는 길입니다"(「두 번째와 첫 번째 사이」).

시인이 '시인(admission/poet)'하는 '사랑'은 어떤 모습일까? 「오로라」에서 시인은 '당신'이 있어서 "울다가 웃다가 혹은 울거나 울지 않거나" 하는 것이 "지극히 당연한 일상"이라고 고백하고 있다. "당신과 함께" 떡볶이를 먹고, 국을 끓이고, 오이를 깎고, 설거지를 하는 "뻔한 과정"을 머릿속에 그려보다가 불현듯 시인은 "우리의 아름다운 것이 무서"(「오로라」)움을 깨닫는다. 아름다운 것은 왜 무서워지는 것일까? '사랑'이라는 사건이 무섭게 느껴지는 까닭은 그것이 끝날 수 있기 때문일 것이다. 실제로 「13월 11일의 나체」에서 화자는 "안녕, 안녕 이 더러운 사랑아"라는 진술처럼 'the love', 즉 사랑을 잊어야 할 상황에 처해 있다.

사랑 빼고는 남는 게 없으니까, 사람을 버릴 수 있었던 거야 숫제 너 하나가 문제다 너 하나가 내 세계를 가난하게 만들었다 동시에 너 하나를 사랑해서 내 세계가 행복에 겨운 거다 물리적으로 고통을 받아야 변화하던 내가, 너 하나로 족히 거룩해지니, 본디 성체로 거듭난 것만 같다 조물주가 된 것만 같이, 세렝게티의 하이에나가 된 것만 같이, 일루미나티의 광추가 된 것만 같이, 책망은 더 이상 나의 성질이 아닌 것처럼, 나는 좀처럼 빗겨 나간다 화학의 주의를 오용하지도 남용하지도 않고 한 치의 오차도 없이 너 하나가 가히 메토이소노를 이룬 것이다 아아, 종교가 무슨 필요가 있이 믿음으로 세상을 지시하는 것이, 윤회를 바라며 고즈넉이 귀의하는 것이, 자연을 먹고 단식을 하고 돼지를 살생하고 모가지를 바치는 일들이 내 세계에서 무슨 소용이 있겠어

(…중략…)

방만했던 너 하나를 질투했고 미욱했던 나의 행성을 선회하며, 우회하고 망설이다가 돌고 돌아 만났다 세계를 열

거하고 손바닥을 마주치며, 너 하나에게 향응하며 손톱을 갉는다 너 하나 때문에 여자를 증오할 줄이야, 너 하나 때문에 남자를 저주할 줄이야, 너 하나 때문에 살인을 계획할 줄이야 이로써 내 세계에 남아 있는 건 불가하다 불가능하고 여지도 없으며 오롯한 불능이다 그렇다면, 너 하나는 도대체 무엇이냐, 대지의 종말에게 인류애의 멸종에게 필사하여 잉태를 뿌리는 연유가 무엇이냐, 자주적인 너 하나에게 기거하는 너 하나에게 변명을 착상하며 언어를 지어보다가, 너 하나가 남겨졌다는 것이 바로 무진장이었음을 깨닫고야 만다 사람은 버렸다 해도 사랑은 버릴 수가 없었어, 아직까지 명치가 헛헛하다 딱딱하게 살아내서 유연하게 사랑하고 싶었어, 아직은 척추가 떳떳하다 너는 언젠가 사랑해를 뱉고, 나는 여전히 좋아해를 얼버무린다

—「이월 이십팔일」 부분

정경훈의 시에서 '사랑'은 절대적인 사건이다. 이 시에서 '사랑'은 '너'와의 관계이고, '너'는 '너 하나'라는 표현처럼 어떤 것으로도 대체될 수 없는 단독적인 존재이다. 사랑이란 무수한 '너'와의 관계가 아니라 이 세상에서 존재하는 유일한 '너'와의 관계이기에 특별한 것이다. 시인에게 있어서 '너'는 "너 하나가 내 세계를 가난하게 만들었다 동시에 너 하나를 사랑해서 내 세계가 행복에 겨운 거다" 같은 진술처럼 '나'의

운명을 좌우하는 존재이다. '너 하나'로 인해 '나'는 거룩함을 느낀다. '너 하나'로 인해 '조물주'가 되고, "세렝게티의 하이에나"가 되고, "일루미나티의 광추"가 된다. "물리적으로 고통을 받아야 변화하던 내"가 '너'로 인해서 고통 없이도 전혀 다른 존재가 되는 것, 그리고 그 경험이야말로 '사랑'의 위대함이 아닐까.

'나'에게 있어서 '너'는 메토이소노(Metoisono, 聖化), 곧 이상적인 인간이자 성스러운 존재이다. 니코스 카잔차키스의 소설에서 주인공 조르바는 완전한 자유인을 꿈꾸는 인물이다. 메토이소노는 바로 그가 갈망했던 자유인의 이상적 존재이다. 메토이소노는 물리적·화학적 변화가 아니라 영혼과 정신의 변화이다. 포도가 포도주가 되는 물리적·화학적 변화가 아니라 상징(象徵)이 되는 변화, 결국 메토이소노는 영혼의 문제라고 말할 수 있다. "화학의 주의를 오용하지도 남용하지도 않고 한 치의 오차도 없이 너 하나가 가히 메토이소노를 이룬 것이다"라는 시인의 진술은 이러한 영혼과 정신의 변화를 가리키고 있다. 하지만 여기에서 성화(聖化)는 '종교'와는 별개이다.

그런데 '너'에게 투사되었던 사랑의 리비도는 후반부에서 '질투'와 '증오'의 감정으로 바뀐다. 여기에서 '나'는 "너 하나 때문에 여자를 증오"하고 "너 하나 때문에 남자를 저주"하는 존재로 등장한다. 1연에서 '너 하나'는 성스러운 존재로서

'나'에게 모든 것이었지만, 3연에서 '너 하나'는 '나'로 하여금 "살인을 계획"하도록 만드는 문제적 존재이다. 왜, 무엇이 이러한 리비도의 변화를 가져온 것인지는 알 수 없다. 다만 이제 '너'는 "내 세계에 남아 있는 건 불가"한 존재이며, 따라서 "나는 너를 좋아한다,"라는 선언적인 진술은 "너 하나는 도대체 무엇이냐"라는 의문형으로 바뀐다. 그런데 이러한 감정의 변화에는 한 가지 단서가 붙어 있다. 그것은 "아직까지 명치가 헛헛하다 딱딱하게 살아내서 유연하게 사랑하고 싶었어, 아직은 척추가 떳떳하다"라는 진술처럼 이 모든 발화가 '아직까지'라는 조건 하에서 말해지고 있다는 것이다. 이는 아래에서 살펴볼 시간태의 문제와 무관하지 않다.

> 제 시력은 오래전에 함몰되었으나 감촉이라는 식견이 뛰어나 당신의 손금, 그 안락한 간극에서만큼은 영생할 수 있었습니다 당신을 볼 수는 없었지만 당신이 저의 당신이라는 것은 알 수 있었습니다 당신이 아무리 제 골격을 옥죄었음에도, 저는 이 불가해성의 삶을 영위해나갈 수 있었습니다 당신이 제 성을 삼켰음에도, 저는 당신을 위해 시발을 읊조렸습니다 저는 당신이 애중하는 부산물입니다 조금, 제가 바라던 것처럼, 아주 조금, 절제하며, 미약하게, 자중하며, 미미하게 그렇게 비스듬하게 흘려버린 우주의 바닷물 같은 인연입니다

(…중략…)

당신은 찬찬히 나리던 눈을 보며 울었던 적이 있습니다 저는 당신의 일련을 기억하고 당신에게서 파생되었던 산물을 기록했습니다 당신이 회생될 때마다 푹푹 찌는 함박눈이 나립니다 당신을 회상할 때마다 뽀얀 둔덕이 제 숨구멍으로 젖어 들어옵니다

꿈만 같습니다 말미암아 당신이 꿈이었다고 명명한다면, 저의 미망은 우리가 폭주하던 파도 소리만큼이나 거나해질 것입니다 구태여 당신처럼 울고야 마는 것입니다 만약, 사지를 다 발라준다 해도, 그렇다 해도 당신과 저의 이박 삼일이 꿈이라면, 이 몸은 사계절과 상관없이 시릴 것만 같습니다 고통만이 저를 낳을 수 있고 낙화가 삶이며 토막만이 제 유일무이일 것입니나 헤아릴 수 없이도 헤아려야만 하는, 최대의 죄악을 품어야 할 것만 같습니다

당신에게 신호를 보냅니다 제 몸이 꿈이 아니라면, 이곳을 당신의 손금이라 부르며, 과연 단언해도 되겠습니까? 우리들의 언어로 당신에게 신호를 던집니다 당신이 그저 꿈의 인연이 아니라면, 이곳으로 돌아와 줄 수 있겠습니까?

—「이월 이십구일」 부분

정경훈 시에서 시간들은 이중적으로 현재와 어긋나 있다. 이 시집에는 「13월 11일의 나체」, 「이월 이십팔일」, 「이월 이십구일」, 「이월 삼십일」처럼 '시간'을 표시하는 기호가 제목으로 쓰인 작품들이 여럿 있다. 이 가운데 우선 '13월 11일'은 현실의 시간이 아니다. 시인은 현실에 속하지 않는 이 시간을 표시하기 위해 '13월'이라는 기호를 사용한 듯하다. 그것은 "자꾸 잊어버린다"(「13월 11일의 나체」)라는 의미에서 기억의 시간, 상상의 시간이다. 그렇다면 '이월 이십팔일'에서 '이월 삼십일'까지의 시간은 어떻게 이해하면 좋을까? 먼저 이월 이십팔일에 대해 살펴보자. 그것은 어떤 시간인가? '끝' 시간이자 (현실적인) 시간의 '끝'이다. 그것은 이월(二月)의 '끝'인 동시에 '사랑'의 끝을 가리킨다. 사랑이 끝나면 하나의 세계가 영원히 닫힌다. 그 사랑의 불가역성이 시간의 끝, 끝의 시간을 불러들이는 것이다. 그렇다면 '이월 이십구일'과 '이월 삼십일'은 시간의 '끝' 이후의 시간, 또는 '끝'의 시간 이후의 시간이라고 말할 수 있지 않을까? 우리는 소중한 대상을 잃어버렸을 때, 혹은 받아들일 수 없는 상실에 직면했을 때, 인간의 신체적 시간이 종종 멈춘다는 사실을 알고 있다. 이러한 상실의 주체들에게 시간은 사랑의 '끝'에서 멈추어 영원히 지속되는 경향이 있는데, 이 논리를 원용한다면 정경훈의 시에서 '이월 이십팔일' 이후의 모든 날짜는 사실상 동일하게 무의미한 시간이라고 말할 수 있다. 그것은 이별 이후라는 점에서 시간의 '끝'이 연장된 시간이고, 심리적으로 무가치한 시간, 즉 물리적 시간일 따름이다.

「이월 이십구일」에서 화자는 '시력'을 잃은 상태로 등장한다. 그는 함몰된 시력 대신 "감촉이라는 식견", 즉 촉각적인 존재로 "당신의 손금" 안에서 영생할 가능성이 있다. "당신을 볼 수는 없었지만 당신이 저의 당신이라는 것은 알 수 있었습니다"라는 진술처럼 여기에서 '당신'과 화자는 촉각적인 관계이다. 한편 이 시의 후반부는 화자는 '회상'과 '기억' 속에서 '당신'이 한때 내리는 눈을 보며 울었던 적이 있음을 증언하고 있다. 이 기억으로 인하여 "당신이 회생될 때마다 푹푹 찌는 함박눈"이 내리고, 당신을 회상할 때마다 "뽀얀 둔덕이 제 숨구멍으로 젖어 들어"옴을 느낀다. 이처럼 '당신'은 화자의 기억 속에 굳건하게 자리하고 있으면서 시시때때로 화자에게 영향을 끼친다. '당신'에 대한 기억은 '꿈'반 같이 느껴지지만, 화자는 끝내 그것이 '꿈'의 인연만은 아니었음을 강조하고자 한다. 따라서 "당신이 그저 꿈의 인연이 아니라면, 이곳으로 돌아와 줄 수 있겠습니까?"라는 마지막 진술은 '당신'과의 이별을 되돌리려는 의지의 표명으로 읽을 수 있겠다. '당신'과의 재회에 대한 화자의 욕망은 「이월 삼십일」에서 당신과 함께 도주하는 상상으로 구체화된다. "나랑 너랑 도망가자/머나먼 밀실로 들어가자/나무 한 그루가 뻗어 있는 마당으로 가자/누구도 찾지 않는 깊은 곳으로 가서/부디 살만 찔 수 있게,

우리 같이 밥을 해먹자"(「이월 삼십일」) '도망'은 일종의 퇴행적 욕망으로서, 여기에서 화자는 '나'와 '당신'이 타인들의 시선이 미치지 못하는 '밀실'에 유폐되기를 희망한다.

> 기상을 하면 수많은 이름들이 커튼에서 새어 나옵니다 ㄱ부터 ㅎ까지, 다다한 그대를 나열한 뒤 암묵적으로 밀폐된 침실에서 과거를 뒤척입니다 A부터 Z까지, 다 알지 못하는 그대를 외우며 딱딱하고 말랑한 두뇌를 뜯어봅니다 그대와 저는 가학을 생성하고 서로의 치부로 고통을 주며 연연하도록 노력합니다 치고 박고 싸우지는 않지만 침대만 있다면 그대는 이길 것처럼 서 있고 저는 질 것처럼 엎드려 있습니다 그대가 승자이고 제가 패자라면, 그대와 저는 성공과 실패 안에서 넣고 싸고 했던 이름들처럼 사라지고 말 것입니다 오열처럼 맥없이 폭발할 것만 같습니다 그대는 그곳에서 밥을 먹었고 저는 그곳에서 밥을 뱉었습니다 테이블을 내려다보며 그대에게 담아 보낼 글자들을 지어봅니다 수많은 문장들이 김을 피우고, 이중 여럿은 증발하고 몇 개는 그대에게로 보내집니다 증발한 것은 묵은 때처럼 막막하게 양심으로 배겨집니다 무탈하게 보내진 문장들을 이끌며, 저는 이토록 울컥합니다 취침에 들어서도 수많은 이름들을 부른 탓에 동굴에서 재해들이 굴러다닙니다 닦고 헹궈도 아무렴 편안해지는 것은 없습니다 소실

되지 않는 모순들이 빛깔 좋게 붙어 있습니다 그대의 건치를 떠올리며, 저의 고르지 못한 치아를 고문하며 이른 아침부터 불러야 할 이름들 때문에 닥치고 있는 게 나을지도 모르겠습니다

—「이름을 좋아해 주세요」 부분

'이름'에 관한 몇 편의 시가 있다. 「이름을 좋아해 주세요」, 「이름을 기억해 주세요」, 「나는 어디선가 그대의 이름을 부른다」, 「그대는 어디선가 나의 이름을 부르고」 등이 그것들이다. 앞의 두 작품에서 '이름'은 "저는 그대의 이름을 좋아합니다 그대만을 좋아합니다"(「이름을 기억해 주세요」)라는 진술처럼 존재의 기호이고, 그런 한에서 '그대'라는 존재에게 특별한 의미로 받아들여지기를 희망하는 내면의 고백처럼 읽힌다. 뒤의 두 작품은 '나'와 '그대'가 서로의 이름을 부르는 대칭성을 제목으로 표현하고 있다. 요컨대 앞의 두 작품이 '그대'에게 일방적으로 요청하는 형식이라면, 뒤의 두 작품은 '나-그대'의 관계처럼 상호성의 형식을 띠고 있다고 말할 수 있다. 이 작품들 외에도 '이름'에 관한 진술이 등장하는 작품들을 찾아볼 수 있는데, "야, 너, 이 두 개의 지칭은 서울의 밤하늘이라고 했다 누군가에게 전해져 누군가만 아는 알리바이의 시대라고 했다"(「13월 11일의 나체」)라는 구절이 대표적인 경우이다. 여기에서 '야'와 '너'라는 두 개의 지칭의 대척점에는

'이름'이 존재한다. "이름을 불러달라고 그것이 입 안에서 태어나고 죽어가는 별들처럼 반짝이게 빼곡하게 뱉어달라고 했다"(「13월 11일의 나체」)라는 진술에서 보듯이 '이름'과 '야'와 '너' 같은 지칭은 층위가 근본적으로 다르다.

일반적으로 '이름'은 기호 내지 표상으로서 인간 존재나 사물의 실체성과는 다른 것으로 인식된다. 하지만 "기상을 하면 수많은 이름들이 커튼에서 새어 나옵니다"라는 진술처럼 화자는 '이름'과 사물의 존재성을 직접적으로 연관시킨다. '지칭'은 발화의 상황이나 맥락에 의존할 수밖에 없는 반면, '이름'은 특정한 사물을 지시하는 기호로 사물이 현전하지 않을 때에도 지시 기능을 수행한다. 「13월 11일의 나체」의 화자가 '지칭'을 "누군가에게 전해져 누군가만 아는 알리바이"라고 표현한 이유도 이런 맥락에서 이해할 수 있는데, 특정 대상을 지시하지 않는 '지칭'은 그 대상이 자신임을 인지한 '누군가'가 존재할 때에만 유의미하게 기능하기 때문이다. 이른 아침, 눈을 뜬 후 화자는 "그대에게 담아 보낼 글자들"을 짓는다. 그것들 가운데 일부는 '증발'하여 사라지고 또 다른 일부는 "무탈하게 보내"진다. 화자는 이 "무탈하게 보내진 문장들"을 확인하면서 마음의 동요를 느낀다. 시인이 의도한 바인지는 알 수 없지만 이 시에는 맥락 자체가 구체적으로 제시되고 있지 않다. 뿐만 아니라 시어들 또한 개인 방언처럼, 혹은 상징어처럼 일상적 맥락이나 문법을 벗어나 사용되고 있다. 이러한 이유로 인해 '이름'에 관한 시인의 사유는 물론이고 시어들이 지시하는 바 또한 명확하게 확인할 수 없다. 즉 "좋아하는 이름"과 "좋아하지 않는 이름"의 차이가 무엇인지 알 수 없기 때문에 '이름을 좋아해 주세요'라는 제목이 표현하려는 것 역시 이해하기 어렵다.

「이름을 좋아해 주세요」가 '이름'에 관한 '이른 아침' 버전이라면, 「이름을 기억해 주세요」는 '이름'에 관한 '이른 저녁' 버전이라고 말할 수 있다. 이른 저녁, 화자는 "잊지 못하는 이름들에 감염"이 되어 잔뜩 웅크리고 있다. 화자는 그 모습을 '주먹'에 비유한다. 이 시에는 '나', '그대' 그리고 '전 남자친구'가 등장한다. 그런데 "작년 이맘때에는 야, 라고 불렀다가 해돋이를 보고 오자 그대를 남자친구라고 부릅니다"라는 진술이나 '남자친구', '오빠' 등의 호칭으로 미루어 짐작컨대 이 시에서 화자의 성별 또는 젠더는 다른 시편들과 다르게 설정된 듯하다. "기분이 그대의 얼굴보다 좋을 때는 오빠, 라고 부르고 싫을 때는 야, 라고 부르고, 사랑할 때는 자기야, 라고 하다가 사랑하지 않을 때는 너, 라고 짖습니다 그대와 자고 싶을 때는 오빠, 라고 함축적으로 저를 피력하고 그대와 자고 싶지 않을 때는 형, 이라고 하며 손바닥을 반듯하게 세우고 속을 울렁이기도 합니다"라는 진술에서 나타나듯이 나는 상황과 기분에 따라 '그대'를 오빠, 야, 자기, 너라고 구분하여 부른다. 주목할 점은 화자가 "저는 그대의 이름을 좋아합니다"라고 고백하면서도 정작 '그대'를 이름으로 부르지 않는다는 것이다. 화자의 젠더 정체성과 그가 사용하는 성적인 표현은 정경훈의 시를 읽을 때 논란거리가 될 듯하지만, 그것들이 긍정적인 논의로 이어질 것인지는 장담하기 어려워 보인다. 어떻게 읽으면 몇몇 작품에 등장하는 섹슈얼리티와 성적(性的)인 시선, 남녀의 신체에 대한 노골적 표현들은 '그대'라는 대상을 성화(聖化)된 존재, 즉 메토이소노에 대한 반대급부처럼 보이기도 한다. 요컨대 그것은 "애증의 부산물"(「타투이스트」)이라고 말할 수 있다. 하지만 시집 전체에 걸쳐 그 맥락이 거칠게 지워짐으로써 특유의 거친 표현들에 대한 심리적 반발감만 한층 커질 수도 있을 듯하다. 여기서 문제적으로 보일 수 있는 것은 정경훈의 시작법이다. 시인의 의도를 제대로 읽히지 않게 함으로써 시적 모호함을 배가시키는 것이 전략이라면 정경훈은 일정 부분 성과를 이룬 듯 보인다.

나는 그대의 남자친구
그대의 여자친구가 아닌 남자친구, 남자친구이자 여자친구 같은 동물, 유기적이고 남사스럽지 않은 커플, 사랑은 하지만 점점 사랑을 어림짐작하게 되는 두 사람, 두 명의 바보, 두 번의 비보, 두 마리의 잉태, 억겁의 애무, 짜릿하고 지저분한 삽입, 나는 그대만의 사람이지, 나는 그대를 떠나지 않아, 그대를 두고 다른 청년들과 만나지 않아,

네 개의 눈동자가 한곳을 투시하지도 않아, 나의 이상형이 나타나도 걱정하지 마, 궁금한 청년이 나타나고 그런 청년이 이색적인 헤어스타일을 하고 있어도, 개성 있고 뚜렷한 도화지를 가지고 있어도 나는 낯선 청년에게 정복되지 않아, 기생 같은 목선에서 모성애를 뿜어내도 나의 심정을 추궁하지 말아줘, 혹여 이러한 참사가 벌어진다면 끝까지 나의 유두를 잡고 기다려줘, 난 너를 위해서라면 어떠한 작전을 감행해서라도 탈환을 성공적으로 완수할 거니까, 나는 너를 책임지고 키울 거야, 그러니까 불안에 사로잡히지 마, 나는 늘 너의 고환에 있고, 자궁에도 있고 너의 가녀린 쇄골에도 있단다⋯⋯ 대답할 수 있겠니, 응?

—「그대는 어디선가 나의 이름을 부르고」 부분

「나는 어디선가 그대의 이름을 부른다」와 「그대는 어디선가 나의 이름을 부르고」는 이텔릭체로 표기되어 있다. 왜 이 작품들을 이텔릭체로 표기해야 했을까? 시에서 표기방식의 변화는 목소리, 발화 주체 등이 바뀌었음을 알리는 기호이다. 하지만 이들 작품에서 이러한 변화의 흔적이나 맥락은 쉽게 찾아내기 어렵다. 이 시에서 '나'는 자신을 '그대의 남자친구'라고 소개하고 있다. 화자는 특이하게도 자신을 "그대의 여자친구가 아닌 남자친구, 남자친구이자 여자친구 같은 동물"이라고 표현한다. '여자친구가 아닌 남자친구'라는 표현은 '남자친구'라는 표현과는 전혀 다른 효과를 낳는다. 그런데 다음 순간 그는 이 표현을 부정하면서 "남자친구이자 여자친구 같은 동물"이라고 쓰고 있다. 여자친구, 남자친구, 동물 가운데 어느 것이 화자의 정체인지 확정하기 어려운데, 이는 전통적인 의미에서의 시적 발화의 애매성과는 다른 층위에서 읽어야 할 부분이다. 앞선 진술을 부정하는 방식의 말하기는 그 이후에도 이어지는데 "사랑은 하지만 점점 사랑을 어림짐작하게 되는 두 사람, 두 명의 바보"라는 진술이 그것이다. 여기에 이르러 '나'와 '그대'는 "두 사람, 두 명의 바보"로 고정된다. 이들의 관계를 조금 더 살펴보자. 이어지는 진술에서 '나'는 '그대'를 향해 "나는 그대를 두고 다른 청년들과 만나지 않아 (…중략…) 낯선 청년에게 정복되지 않아"라고 다짐하고 있다. '나'가 "여자친구가 아닌 남자친구"라면 이 진술은 결국 '나'의 성적 지향이나 성적 정체성을 드러낸 것으로 읽어야 할 것이다. 하지만 '나'와 '그대'의 신체를 표현하는 시어들, 가령 '유두', '고환', '자궁' 등을 감안하면 이 커플의 사랑을 동성애 관계로 단정하기도 어렵다.

이처럼 정경훈의 시에서 사랑은 극단적으로 표현된다. 때로는 "사디즘과 마조히즘"(「나는 요 며칠간 제대로 된 시를 쓰지 못했다」)을 연상시키기도 하고, 때로는 이상적인 대상으로 성화(聖化)되어 제시되기도 한다. 사랑에 관해서라면 정경훈의 시는 성(聖)과 속(俗), 정신적인 것과 신체적인 것을 동시에 포함하고 있다고 말해도 좋을 듯하다. 다만 그의 시에서 사랑은 현재진행형이 아니라 결핍의 상태, 즉 이별 이후에 상상을 통해 상실의 결핍감을 채우려는 심리적 기제가 작동한 것처럼 보인다. 문제는 이 상상력이 인간 신체를 성적인 방식으로 대상화하고 있다는 것, 따라서 자유분방한 성적 상상력에 비례하여 불쾌감을 불러일으킬 수도 있다는 것이다. 20세기 이후 문학은 '인간'을 비정상적으로 정신화하는 경향에 반(反)하여 종종 인간을 성적인 존재, 즉 호모 에로티쿠스로 형상화해왔다. 이 경우 성적 상상력은 부정성, 곧 지배적인 상상력이 은폐하고 있는 진실을 드러내는 장치의 일종이었다. 하지만 이러한 상상력에는 항상 일정한 위험이 뒤따른다. 그 가운데에는 도덕적 잣대에 따른 비난이 있겠으나 무엇보다도 이 부정성이 제대로 포착되지 않을 때 성적 상상력은 한낱 성적 추문으로 전락할 수밖에 없다는 점이다. 이러한 위험은 정경훈의 시에도 여전히 존재한다.

문학에서 부정성의 효과와 그것의 현재적 의미에 대해서도 생각해보지 않을 수 없다. 정경훈의 언어는 갱스터랩이나 힙합의 가사처럼 무제약적으로 쏟아진다. 「찔레꽃」처럼 전통적인 서정시의 어법으로 쓴 작품도 존재하지만 대부분의 작품들은 과도하게 길고, 지나치게 장황하며, 심지어 언어 문법을 위반하는 경향을 드러내고 있다. 가령 핫도그 가게 앞에서서 "폭력의 재해가 맴돌았던 예술들이 매대에 놓여 있다/

그 역사를 전범하는 희극이 소시지처럼 숨어 있다"(「마로니에 공원」)라고 진술할 때, 이것은 '폭력', '재해', '역사', '예술'에 대한 재의미화 없이는 읽어내기 어렵다. 마로니에 공원에서 '역사'와 '예술'과 '폭력'의 관계가 새로운 방식으로 사유한다는 것은 흥미롭지만 이 부정성이 표현되는 방식은 상당히 과격하다. 마찬가지로 「스코츠보로 소녀들」이나 「시대의 몰락에게 키스를」 같은 작품들 또한 부정성의 한 실험으로 읽힐 가능성이 충분하다. '사랑'과 '결핍'의 문제가 지나치게 두드러져서 이러한 부정의 시학이 돋보이지 않는 점이 아쉽지만 시집 3부에 배치되어 있는 작품들은 '예술'과 '현실'에 대한 새로운 감각을 보여준다는 점에서 흥미롭다. 하지만 이러한 실험적 장치들이 기존 서정시의 발화방식을 크게 벗어나 자유롭고 거침없는 언어의 흐름 자체를 드러낸다는 점 이외에 어떠한 문학적 효과를 발휘할 수 있을지는 조금 더 지켜보아야 할 듯하다. 문학의 한 가치는 부정성에 있지만, 그 부정성이 유의미한 효과로 연결되기 위해서는 단순한 위반이나 일탈이 아니라 정확한 위반, 정확한 일탈이어야 한다. 이 '정확한' 위반이 '차이'를 동반하면서 일정하게 반복될 때, 우리는 그것에 스타일이라는 명칭을 부여한다.

시인동네 시인선 145

아름답고 우아하기 짝이 없는

초판 1쇄 인쇄 2021년 2월 3일
초판 1쇄 발행 2021년 2월 10일
지은이 정경훈
펴낸이 김석봉
디자인 헤이존
펴낸곳 문학의전당
출판등록 제448-251002012000043호
주소 충북 단양군 적성면 도곡파랑로 178
전화 043-421-1977
전자우편 sbpoem@naver.com

ISBN 979-11-5896-503-7 03810